部落‧文化‧產業發展

達觀村文化資源與觀光產業調查研究

萊撒‧阿給佑　著

推薦序

為書寫家園盡一份心力

　　Lesa（萊撒）牧師是我敬重的泰雅爾族同工。我指的同工意涵有兩層：第一是在宗教信仰上，因為我們都秉承著基督的信仰，為了榮耀上帝的名在這世上工作；第二是在泰雅爾族文化的存續上，因為我們都對於這件事有深刻的使命感，為了讓多元族群的台灣更認識到泰雅爾族文化的價值，且讓泰雅爾族的文化貢獻在台灣這塊土地上。但我必須誠實地講，在這兩個層次上，Lesa（萊撒）牧師都在我之前。

　　首先，他已經獻身全心全意作為上帝的僕人，而我只不過是在紅塵俗世打滾的一般信徒；其次是他是正港的泰雅爾族人，致力於泰雅文化的復振與社會運動，而我僅僅是被原住民朋友戲稱為「熟漢」的學者而已。

　　Lesa（萊撒）牧師邀我寫序，基於同工的情誼，我欣然接受，但完全無法運用權威的語氣。關於台灣的原住民知識與文化，一向以來，非原住民的學者與人士寫得多且論述詳細，相較之下，原住民本身因為處於社會的弱勢，往往苦於機會稀少且必須使用強勢語言的先天限制，因此寫作的產量相對少。所以當 Lesa（萊撒）牧師告知有出版社要出他的書時，我心中充滿無限的喜悅。事實上，我所服務的靜宜大學南島民族研究中心也積極在這方面作一些努力，如出版泰雅爾族人作品「Yaba 的話」。基於此，對於本書的出版我當然也有許多的期待。

　　這是一本寫家園的書，是描述名之為 Takkan（今日台中縣和平鄉的達觀村）這個地方的歷史、地理、宗教、文化與人群的著作。事實上，這個政府所規劃的行政村包含了竹林、摩天嶺、達觀（香川）及雪山坑等四個泰雅爾族部落。論及這些社會變遷，作者不免自覺地表露身為泰雅爾族人如何掙脫弱勢困局的情懷與論述。但除此以外，本書也有不少文字是運用論文寫作的結構描述地方風土，在簡明的筆觸中，一個地方生動的人群生命網絡躍然紙上，相當值得有興趣地方誌的讀者一探究竟。當然對於泰雅爾族人而言，也是一件難得的文化資產。

　　但更重要的是，誠如 Lesa（萊撒）牧師自己所言：「自己文化的傳承與部落之發展，絕不可假他人之手」。的確，這正是這本書跟其它介紹泰雅爾族文化書籍不同之處。台灣是一個人文薈萃的地方，偶而我們會看到這樣的描述文字，但隨著與原住民的互動經驗增多，我越來越感覺這種描述如果缺了原住民族這一塊應該會遜色許多。原住民的文化大量地出現在舞蹈、歌謠與故事的口傳傳統之中，隨著聚落的式微，這些重要的口傳傳統也跟著面臨相當大的挑戰。除了積極復振這些傳統之外，Lesa 牧師的作品從文字記載的角度適時地補充了文化存續的能量。

　　我極力地推薦。

靜宜大學南島民族研究中心主任

林益仁

自序

到部落找希望

筆者身為原住民泰雅爾族神職人員，是部落與族人、以及教會的牧師，受派到 Tgbil Qalang Tayal（雪山部落）的教會服務，是一個派任而不可抗拒地天職，也是在幾間教會當中自己的選擇。換句話說，是自己打從心底願意到該部落工作的，願意認識該部落的居民、願意認識該居民的部落、願意與他們一起同工，其中在實踐當初的「認識」並不那麼順遂，對該部落及族人之陌生是毫無所悉，從以為認識進入到根本不認識之途，其路徑一再地更迭。坦誠說，幾個月之後，那種對部落及族人的「陌生而毫無所悉」逐漸淤積而產生挫折，欲當時的心境是，使自己陷入不知所措的困窘是自己，好像四周都是厚而高的牆垣，跳越出去的難度極高。就在這個時候，折服的心靈是謙卑地仰望主耶穌基督，斧底抽薪地唯有從最基礎做起，那就是文化的探索，欲擒故縱地想從其過程重新認識該族人及其部落，如家族、遷徙、語言、宗教、地理、環境、生態……等等，進而從這樣的資料中，有系統地整理出，可能對其造成重大改變的文化資源與產業文化等之面向，方法就是田野調查的工作，就這樣認真地踏上艱辛與寂寞之路。隻單形影的逐月逐夜的扛著包包走向部落，正當記錄著族人們在部落的奮鬥旅程時，在路上巧遇台灣基督長老教會總會原住民宣教委員會的「原住民小型教會宣教方案」之推動計畫，在招呼站便揮手搭乘該列車，並催油駛向踏察該部落的文化傳統與現況，心向部落的熱忱從

未減緩，真的願意與該部落及其居民同心認識創造這個世界、與這個部落的上帝。

　　當台灣各地區正如火如荼地進行文化產業，與觀光休閒產業的推展時，原住民部落土地亦難幸免地被政府與民間、或政商勾結的搶，他們都是「上山找希望」的有力人士，族人卻手無寸鐵的無力阻擋、族人卻守株待兔地看著他們進駐，亦眼睜睜地看著部落族人的生活空間愈來愈狹窄，族人建構文化及倫理的行動也遭到被排擠，太陽雖然照常昇起，部落族人們深深覺得部落之天空似乎愈來愈小、太陽似乎也愈來愈昏暗，於是我們不禁要問：原住民的部落「開發者」，他們為部落真正帶來什麼呢？部落族人又期待什麼樣的希望呢？原住民不在「上山找希望」嗎？

　　筆者以為，台灣原住民族現在的部落發展瓶頸及族人集體困境，好像十九世紀的美國原住民所經歷的處境一樣，有越來越多湧入美洲的白人移民，開始與原住民爭奪土地資源，從東岸向西逐漸推進。原本世居東部地區的原住民族在白人「原住民阻礙進步發展，白人更能有效的利用土地」的理想下，被迫強制往西遷移，今天美國的紐約州、紐澤西州、北卡羅萊納州、南卡羅萊納州等地，原本都是原住民族的祖居地，但在美國政府淨空政策下，原住民族一夜之間被連根拔起，讓白人移民進駐接手，所有原住民的痕跡都悄悄抹去。十九世紀美國政府的原住民遷移法案，是美國西進「拓荒」的重要一步，而對原住民則是致命的一擊，許多原住民自此流離失所、失根失聯，整個族群完全崩解。[1]坦誠說，台灣原住民族也同樣遭到政府非法霸佔、漢系民族爭相掠奪土地的情況，我們必須清楚而堅定的說：高山峻嶺如同我們的父母，它孕育我們的生命與生活動力；蜿蜒溪流如同我們

---

[1]　陳佩周著，《變臉中的「印地安」人》，P.026～027。

的血液，它流遍我們身體的每一細胞，高山河川共同滋養大地每一個生命。

　　不久之前，一個偶然地機會裡，在知名的連鎖書店中讀到一本雜誌，當期之封面顯著的標題是「上山找希望」，翻開內容卻發現該雜誌以該標題「上山找希望」作為當期專題報導的企劃主題，其鋪設背景是以南投清境農場的觀光地帶，清境農場發展觀光對當地水土與環境、以及對當地居民生活之影響暫不做贅述，筆者想從另一個角度去分享內心的感覺，因為它觸動了想說的衝動，其故事大概是這樣：

　　有三個白領階級的人，一個是奔波於兩岸的台商、一個是被病人纏得透不過氣的醫生、及一個是當了二十一年的總經理企業主，他們三個人來自不同地方，不同領域的專業人員，他們彼此根本不熟識的人，卻有志一同地在人生巔峰中，不在城市尋找夢想，帶著快樂到山上找盼望，他們在海拔 1800 公尺的高山上發現他們的新目標與新希望。筆者發現每個人對於大自然的翠綠景緻，有說不出來的熱情與依賴，那種悸動是來自內心的莫名興奮與胸中澎湃，在在期待與仰望每個人都需要一座山；另一方面，我們也可看出都市人蟄伏的心情，在山上，每個人可以更回歸到本我、更開闊與更沉澱。

　　三個都市人的「上山找希望」，對世世代代的台灣原住民族來講，他們深邃的心懷世界到底挾帶著什麼意義？對部落到底帶來什麼樣的衝擊？到底他們在山上看到了什麼？他們為什麼捨棄五彩繽紛的繁華都市來到山上尋夢呢？近年來，不只是他們三個人到山上尋夢或築夢，其實在各郊區、在各部落、或在各山上都有類似他們「踏破鐵鞋無覓處」的相同足跡。此時此景站在部落裡感慨萬千，千辛萬苦烙在部落裡的腳印盡是老邁，柱著拐杖始終誠實地守護山林家園，不論您是否帶來熱情與依賴，「山上」就是自己的家園。而這個「山上」

的家園，卻是養育自己、培育自己，以及給予自己成長地心之所在的
家園。

目　次

表目錄

圖目錄

第一章　緒論

第一節　研究源起

　　從文獻資料瞭解，台中縣和平鄉達觀村村名源於タツカソ（TAKKAN）部落的譯音，村內有竹林、摩天嶺、達觀（香川）及雪山坑等四個部落，分佈在東崎路及大安溪畔沿線，居民的組成包括了原住民、外來的漢人及極少部分的外省籍等，原住民以泰雅爾族北勢群為主，常年就是一個典型與傳統的泰雅爾族部落，族人至今依舊承載了傳統的農耕方式，生產上偶有注入新觀念與技術，但基本上，仍然沒有一個因地適宜的生產觀念與方式，無助於當地部落及其族人之獲益以及提昇。

　　該村內所屬四個泰雅爾族部落，向來資源及產業既缺乏又貧瘠，更是政府施政之邊陲地區，長久以來得不到政府首長、或相關機構的關愛，加上當地族人居民又無法對自己生於斯、長於斯的部落家鄉發聲。或許當地族人早已忘記了，達觀村各部落其實是一處風光明媚、人文薈萃的好地方。各地正如茶如火推動產業文化活動時，達觀村內的四個部落卻選擇了鴉雀無聲地予以回應，這是怎麼回事呢？是漠然地束手無策嗎？只有無奈地袖手旁觀嗎？……有太多的「為什麼」充塞著該部落及其族人的絕望。唯因近年來工商業之發達，導致部落許多年輕人寧可在外地工作，也不願回到自己的部落家鄉，從事以農業為主題的發展，這是我們所不願見到的。另一方面，全球化的因素使然，台灣鄉村及原住民部落亦被趨勢所及的區域，更促使人們都熱絡

地選擇休閒活動，此般情形不失為原住民部落產業發展的機會，問題在乎的是我們準備好了嗎！我們以為這是一個屬於傳統與現代（科技）的角力，而此一賽局卻給了我們兩難之習題，那就是如何取與捨呢？期盼在此一賽局中，經過族人的齊心努力下，從中取得一個部落發展上的平衡點，在追求現代社會的同時，也在我們踏著先祖先輩所遺留的足跡中獲取經驗，由點到線到面，一點一滴將傳統文化串聯起來，從部落發展到整個社會。和平鄉達觀村現在雖然「貧窮」，但我們看到在文化資源與觀光產業各擁有其特色，值得愛部落的原住民及愛部落的達觀村泰雅爾族人將之愛護及發揚。

　　台中縣和平鄉達觀村泰雅爾族部落文化資源與觀光產業調查研究」計畫，就在這個前題之下產生，同時開始著手進行工作，這樣持續的甜蜜工作如同相識、相知、戀愛、相惜、訂婚、結婚、懷胎及產子的過程，殷切期待藉此喚起達觀村各部落泰雅爾族人，可以開始對部落與傳統文化多一些的關注，當我們習慣性地追求物質生活並享受之餘，是否也該停止自己長久以來忙亂的腳步，從「心」好好的欣賞部落的美麗，關心部落家鄉的事物，進而為部落家鄉的文化略盡些微薄之力，我們覺得身為達觀村部落族人的一份子，這是責無旁貸地責任與使命。

　　總之，自己文化的傳承與部落之發展，絕不可假他人之手，其實文化的傳承並不難，難就難在「有心」與「無心」的差別，萬事起頭難，祈願讓我們從今天開始，做一個部落土地的悍衛者、做一個部落文化的傳遞者，為部落家鄉的事物盡一份心力吧！

第二節　研究理念

　　筆者完全基於疼惜泰雅爾族部落及其族人的緣故，自動自發地鑽進部落並將達觀村各部落作為「活動的區域」，即田野研究之基地，

此乃殷鑑達觀村內的竹林、摩天嶺、達觀（香川）及雪山坑等四個部落，各擁重要文化資源與觀光產業之特色且深具發展潛力，我們初步以為「竹林部落的咖啡遊」、「摩天嶺部落的採果樂」、「達觀（香川）的部落廚房」及「雪山坑的文化生態園區」等等。達觀村內各部落都有其不同的文化及產業資源、特色可供發展，如果各部落願意嘗試將之做一個完整之規劃，其實可以發展出與眾不同的泰雅爾族部落文化，相信必定會是優質的地方產業，並能帶動部落經濟發展的極佳例子。

建基於此，筆者及以教會為主設立之「部落發展工作坊」，懷抱著高度熱忱將達觀村四個部落的「過去歷史」、「現在文化」與「未來發展期望」，做比較深入的資料整理、彙集與探討，讓部落在地族人知道部落在地事，對部落及其族人產生認同，進而主動參與部落公共事物，並能深刻體認到「自己的部落、家園要靠自己的雙手建造」之基礎與道理。

早期原住民泰雅爾族部落任誰有事情，各氏各家族都會自動自發地將之視為自己家裡的事看待。近年來工商快速發達，造成泰雅爾族部落與部落、族人與族人之間的距離因此漸行漸遠，我們常常緬懷過去守望相助、部落與部落和睦的日子好不快樂。機會也常常在眼前稍縱即逝，有道是坐而言不如起而行，部落的族人為什麼不從自己本身先嘗試捲起袖子開始做呢？族人若是願意去做，我們會發現台中縣和平鄉達觀村並非文化沙漠，部落裡面有許許多多令人驚豔、令人感動、令人垂涎與可愛的事物，這些都值得傳頌與保存的；其實長久以來它就在我們平時的生活週遭，等待我們用心去發掘，以一顆最真、最善及最美的心去看待部落裡林林總總的一切事物，我們絕不會後悔的、興奮的看到原來我們的部落可真是一個「桃花源」。

　　這一項研究調查工作，主要是為達觀村各部落走避他鄉的部落文史，重新做一次的綜理與彙整，同時將泰雅爾族及其部落的傳統記憶，慢慢的在族人長眠的心目中被喚醒、被重建起來，進而對部落整體生活環境品質的提昇產生影響力，以幫助族人及部落有機會成長，祈願我們匯聚心力開始著手做文化復振的工作，讓我們的部落因為有您的參與更加美麗動人，讓我們踩踏先輩先祖艱難的步履，拋開寂寞無助、走向燦爛輝煌的明天。

第三節　研究目標

　　從建立思考到規劃藍圖的落實，其實是一條極為漫長的道路。筆者以為建設地方的方法或途徑是繁雜多樣的，有一條最為便捷與有效地方式：

　　即讓地方居民對生於斯、長於斯的家鄉產生認同感；對原住民族部落及其族人言，認識部落家鄉的歷史，使其對部落的未來有共同的目標與期盼，並進一步的產生自主性參與部落公共事物。為此，筆者及「部落工作坊」調查研究之重點，首要步驟也就在認識部落，蒐集與整理曾經陌生的人文與自然資源。

　　筆者及「部落工作坊」著手部落文化推動工作，最主要的催逼動力在於部落族人們自主性的參與推動。所以，我們想唯有在地族人對文化傳承工作的重要性有了認知及認同感，該項文化傳承工作才有可能被期待、才有可能永續的傳承下去。綜觀上述所言，本調查研究之目標有以下幾點：

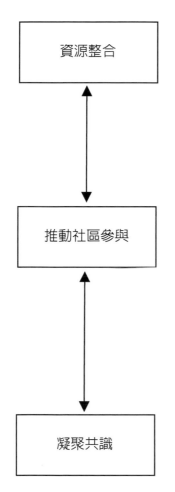

（一）部落資源之蒐集與整理

　　經過冗長的時間踏察達觀村各部落調查、蹲在雜亂的文獻資料、及耐得住寂寞中研究，並進一步瞭解和平鄉達觀村各部落的各種自然、人文與社會觀光資源及其發展之可能性，嘗試一個比較整體性的歸納與分析，以促進該部落族人對部落產生認同感。

（二）增進部落族人對在地公共事物的關懷和參與

　　其重點在於推動該部落族人自主性的參與、調查及深入討論部落未來之可能性發展，同時積極透過由文化傳承的工作活絡部落族人熱忱通路，創見嶄新的部落文化，並進而帶動原住民部落產業，推展所謂「產業文化化與文化產業化」之發展契機。

（三）增進部落族人的向心力

　　營造與推動社區發展工作有很多的工具，其中文化傳承的工作可以凝聚地方居民的共同意識，原住民族亦不例外，泰雅爾族人所傳承的 GAGA（文化），其實傳統的 GAGA 其蘊藏之內涵，早有一個莫名的力量一直在進行整合、匯聚部落及其族人的共同意識，予以促進並提昇部落的生活品質，使無奈及失望的部落重新獲得永續發展之契機與熱忱。

第四節　研究方法與流程

一、研究方法[1]

（一）文獻資料分析與研究

　　以文獻蒐集的方式，來蒐集台中縣和平鄉達觀村部落地區的自然及人文背景資料，與歷年來有關達觀村各部落規劃發展的研究計劃，以對該部落地區有更深入的瞭解與認識。

（二）訪談研究法（interview survey）

　　訪談法是以訪問為主，希望經由談話的途徑來瞭解部落的某些人、某些事、某些行為或某些態度，社會學家利用此方法來作為瞭解社區發展或群體行動的工具。

　　本研究是以面對面訪談法來蒐集台中縣和平鄉達觀村各個「已立案的社區協會」的基本資料，以及「人民團體」基本資料，並透過對各社團負責人的訪談，藉以瞭解部落社區民眾對地方發展前景的期待與規劃，對和平鄉達觀村現存問題之看法，以及對和平鄉達觀村未來發展之建議。

---

[1]　參考國立聯合工商專校，《苗栗縣文化資源與觀光產業調查報告──苗栗縣社區總體營造整體規劃研究》，苗栗：國立聯合工商專校社區總體營造規劃小組，P.4。

（三）觀察研究法（observational-method）

　　觀察是科學研究中最基本的方法之一，觀察法進行的方式有兩種，一種是實驗觀察法；另外一種是自然觀察法。本研究所使用的是自然觀察研究法：在研究對象最自然的狀態下進行觀察。

　　本研究使用觀察法的範圍包括：文化活動調查、社區組織運用情形之觀察、部落地方「文」、「產」、「景」資源蒐集調查研究之觀察……等，並將所有之觀察輔以文字作記錄。

二、研究流程[2]

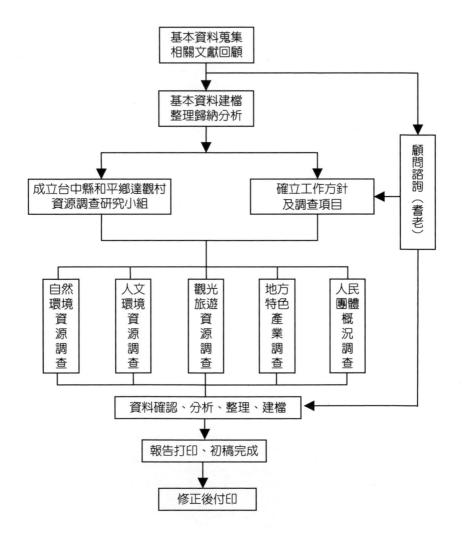

2　國立聯合工商專校，《苗栗縣文化資源與觀光產業調查報告──苗栗縣社區總
體營造整體規劃研究》，苗栗：國立聯合工商專校社區總體營造規劃小組，P.5。

第二章　和平鄉達觀村現況

第一節　自然環境

一、環境與地理位置

　　和平鄉因有大甲溪橫貫其中,四周群山環峙,形成特殊的角階、褶曲、大斷層谷等地形。在平等村及雪山、南湖大山間的溪谷地形,高度均在 1200 公尺以上,地形上以寬闊河床及細流為特色。從平等村至南勢間之溪谷地形則因切穿雪山、出雲、橫屏等山地而形成橫谷地形,河床坡度大,至處叮見壯麗絕倫的峽谷及寬闊的谷地。由於和平鄉地形複雜,從東至南湖大山地塊向西接雪山地壘,出雲山脈及西境之大橫屏山脈,其落差達 3000 多公尺,其間南湖大山地塊向西山峰林立,地劫高峻,包括南湖大山、中央尖山等。雪山地壘西至烏石坑溪、橫流溪一帶,海拔 2000 公尺至 4000 公尺間,地勢極為壯觀,包括雪山、桃山、大雪山、鞍馬山、船型山等南至大甲溪岸,呈狹長形向西急斜,其海拔在 1000 公尺左右,主要山峰有觀音山、出雲山。大橫屏山地區則為出雲山脈伸延,位於境內向西側南勢一帶,地勢較低。

　　達觀村位於和平鄉西北部,大安溪左岸,南以烏石坑、西與自由村接壤,北與苗栗縣泰安鄉象鼻、士林村為鄰;西鄰大安溪,東依久

保山、遠藤山。依山面溪，環境優美，現在轄內有竹林、香川、達觀及雪山坑四個部落。

民國初年，因為日軍不斷入山侵襲，使得埋伏坪的原住民北移，捎來社（南勢）住民也隨之北移，進入達觀居住。達觀村的雪山坑部落，於民國七十年到八十年之間，曾因為雪山花園農場的開發，帶來無數遊客，當時雪山坑還一度擁有桃花源之美稱。[1]

二、部落主要河川概況

內政部營建署於八十年，當時正積極規劃「雪霸國家公園」的籌設，委託學者專家從事「雪霸國家公園自然及人文資源」調查工作，並由內政部營建署編寫出版「雪霸國家公園自然及人文資源」報告，其中提到對於大安溪之調查，大安溪由發源於江澤山西北方的馬達拉溪，在榛山附近與源自雪山、大霸尖山西側的雪山溪會合，續向西南流與來自大霸尖山、雪山北峰、雪山、尖石山、頭鷹山、西勢山等山的大雪溪，以及源自樂山的北坑溪合併後始稱為大安溪。

大安溪流域，除下游三分之一的上新世卓蘭統砂頁岩互層外，馬那邦山、大克山一帶大致以中新世海山統的堅硬石灰質砂岩或矽質砂岩所成，屢呈巨大的同斜嶺；此等地層對河蝕抵抗力特大。台灣島的地盤隆起量，中部大於北部與南部。亦即大安溪流域岩石堅硬對河蝕抵抗力特強，並且地盤隆起亦大，致使隆起後之河蝕復活較為遲延。因此河床坡度甚急，距離均夷狀態尚遠，河蝕作用現仍劇烈進行。[2]

---

[1]　台中縣原住民族教育資源中心，《台中縣和平鄉泰雅爾文史冊（一）》，P.75。
[2]　內政部營建署，《雪霸國家公園自然及人文資源》，P.38～39及內政部，《雪霸國家公園計畫（草案）》，P.25～26。

圖 2-1　大安溪

照片資料：筆者親自拍攝

　　也有學者做這樣的分析，大安溪發源於大壩尖山及雪山西坡（今苗栗縣境），上游山地海拔較高，使河川下切極盛，少有河階地形；中游至士林（泰安鄉士林村）以下，即為苗栗與台中縣界，並陸續有發源於本縣境內之雪山坑溪、烏石坑溪等支流匯入；下游流路因切斷中新世上部之桂竹林層等，因岩質堅硬切割不易，遂使流幅變小，河道窄狹，其下流經卓蘭、東勢丘陵，切割三義丘陵與后里台地之後，進入平原地帶，流幅變寬、堆積旺盛，而形成大安溪沖積扇平原，範圍包含苗栗縣苑裡鎮、本縣外埔、大甲與大安等鄉鎮。由於大安溪流經三義、東勢丘陵與后里台地，其本多為砂礫堆積之紅土台地礫石層及頭料山層等地質分佈地帶，為此導致大安溪下游河床與沖積扇上，砂礫遍佈。其河口處網流與礫石沙洲交錯，海岸沿線沙洲遍佈，加上本段海岸潮差較大，約 4～5 公尺，故在沿海潮間帶間形成了廣大的潮埔。[3]

---

[3]　張伯鋒等撰述，《臺灣地名辭書卷十二台中縣（一）》，P.33～34。

圖 2-2　雪山溪

照片資料：筆者親自拍攝

　　另一方面，大安溪發源於雪山山脈南段西坡，從台中縣大甲鎮西側注入台灣海峽，全長約九七公里，為台灣南北兩大氣候帶的重要分界線，同時也是人文景觀的重要分界線。大安溪以兩岸地形而言，可以分為四段，上游由雪山溪、馬達拉溪、大雪溪、北坑溪及南坑溪組成。

　　主流的雪山溪發源於大霸尖山、雪山溪、雪山西坡海拔 3500 公尺以上的高山地區。各溪谷均山高谷深，呈峽谷地形，由於溪流下切作用顯著，因此並無河階形成。但是在海拔 1500 公尺到 2600 公尺之間卻有數段地形起伏較緩的肩狀平坦稜。[4]大安溪於合流南坑溪以後流出尾山、南坑山一線以西，溪谷逐漸展開，溪谷兩岸高度也降至 1500 公尺以內，南側有雪山溪、烏石坑溪來會，是本溪中游的上段。本段溪岸的海拔 800 公尺到 1300 公尺之間擁有較大的平坦面、緩坡

---

[4]　劉益昌，《大安溪後龍溪上游的住民》，P.9。

面，較高的可能屬於赭土緩起伏面，較低的屬於高位河階與低河階，其中的赭土緩起伏面及高位河階為早期泰雅爾族的聚落及活動場所，較低的低位河階則為日據中期以來聚落遷移地點。蘇魯、馬那邦、雪山坑、象鼻、麻必浩、達觀及竹林等社目前都已分佈於溪畔較低的河階或緩坡。較高的山坡地則佈滿果園以及旱作短期作物，成為主要的生產用地。

　　大安溪切過大克山、觀音山一線的埋伏坪峽谷向西，兩岸山地緩坡逐漸降低，海拔大致在 600 公尺以內，並逐漸移化為低矮的丘陵、台地，此為中游下段，從此以下的大安溪床開展，呈寬大的泛濫原，流路呈網狀流路，埋積作用相當旺盛，與上游河段迴然不同。在大安溪主流的北側隔著馬那邦山、大克山就是大安溪北支流老庄溪與景山溪兩大支流，和後龍溪上游的南湖溪、大湖溪、汶水溪流域。這些溪流之間是一塊地形較為平緩的丘陵地區，大安溪的兩岸則擁有發達的高低位河階。地勢較高，比高較大的高位河階，如食水坑、壢西坪、二大坪、枕頭山等由於缺乏水源，聚落均小而散居，種植以果樹為主。南勢山區和汶水流域則有廣大緩坡地，也是以果樹種植及旱作為主。至於卓蘭、埔尾、矮山、石壁坑等低位河階，只比大安溪床高出數公尺，是近期才由泛濫原形成的河階；由於兩岸堤防保護，形成廣大的農業用地，早年以生產稻米著名，近年來則為梨、柑橘、葡萄、楊桃等水果的盛產地，聚落也大多集中愛此，其中最大的聚落是卓蘭，是台灣地區夙負盛名的水果市場。至於大安溪在鯉魚口附近會流景山溪以後的下游河段，兩岸以大安溪沖積的平原為主，至出海口間與苑裡溪、大甲溪合力沖積成大甲、大安附近的海岸平原。早年曾為平埔族道卡斯族日南、日北、雙寮、房裡等社的主要分佈地。目前則是灌溉渠道發達的水田和工商繁盛的工業區。已經不是

清代初年郁永河在《裨海紀遊》書中所描述度溪而過渺無人煙的景氣。[5]

　　和平鄉主要河川為大甲溪及大安溪，大安溪僅毗鄰和平鄉北境，與其支流雪山坑溪於雪山坑匯流。[6]雪山溪上游左岸蘊藏著極為豐富的自然與森林資源，不謹雪山溪兩岸有一大片的原始森林、雪山花園農場舊址、以及獨一無二的世界級的山蘇林（該林區地域曾是頭目優巴斯‧卡給率領族人落腳、開墾及安身立命之家鄉，確為泰雅爾族部落舊址，亦其實為該地區泰雅爾族之傳統領域[7]），佳作天成的山蘇一株一株的掛在每顆巨大的老樹上，景緻怡人、壯觀美麗，常有來自南北各地的遊客前往觀賞與享受。鳥瞰地圖我們可以瞭解，大安溪流域幾乎佔了雪霸園區一半的面積，從最上游的馬達拉溪蜿蜒西南而下，匯入雪山溪、大雪溪、北坑溪後，才稱為大安溪，後續與無名溪、南坑溪會合後而出國家公園範圍。其中馬達拉溪的泰雅爾原名意思是「褐色的濁水」，只要看見那染紅褐色的河中礫石均會感到無限的驚奇。[8]

　　於民國九十年八月，台電在大安溪右側士林村入口及大安溪左側雪山部落口，建設並完成一座用於發電的士林水霸，水霸的水先用隧道引到卓蘭電廠，運用高度位差發電，發完電後水再排入景山溪，流到鯉魚潭水庫儲存起來，供應大台中地區與濱海地區的自來水和工業用水，並且灌溉下游的三義、苑裡一帶農田。士林水霸的構築，形成苗栗縣泰安鄉南三村（及台中縣和平鄉達觀村雪山部落的湖光山色），其為全國首座魚梯就是設在士林水霸。[9]

---

[5]　劉益昌，《大安溪後龍溪上游的住民》，P.9～11。

[6]　台中縣原住民族教育資源中心，《台中縣和平鄉泰雅爾文史冊（一）》，P.78。

[7]　頭目 Yupas Kagi（優巴斯‧卡給）第三代後代 Pihaw Payan（陳榮爵）口述。

[8]　林永發，《雪霸國家公園》，P.19。

[9]　苗栗縣苗栗新故鄉協會，《苗栗紀行‧社區遊》，P.76。

三、氣候變化概況

　　台中縣位於台灣中部偏北之地，夏季不如南部燠熱難耐，冬季不若北部陰冷潮濕，在氣候的特性中呈現台灣南北之過渡性質。並且，由於本縣形狀東西狹長，東部深入中央山地之一部份，不僅距離海拔遠且海拔高度甚高，在氣候上，更有別於西部沿海地區。

　　和平鄉屬溫帶、副寒帶山地氣候區。西半部和平、谷關、德基、梨山屬於山地溫暖濕潤氣候區，東半部海拔 3000 公尺以恩口上之高山地帶為高山冬季寡雨冷氣候區，西部自由中坑部分地區溫暖冬季寡雨氣候。

表 2-1　地方主要河川資源及氣候變化概況

地方	河川	氣候	備註
和平鄉	1.大甲溪	屬於溫帶、副寒帶山地氣候。西部自由中坑部份地區溫暖冬季寡雨氣候。平均氣溫約為 22℃。	該區域雨量充豐沛、氣溫適合種植溫帶水果。
	2.大安溪	屬於副熱帶季風氣候型的華南型。境內北部桃山至大雪山間的山嶽地區平均氣溫約為 14℃以下。	該區域氣候、土壤的條件適宜，適合種植桃子、椪柑及甜柿等水果。

資料來源：①台中縣原住民族教育資源中心，《台中縣和平鄉泰雅爾文史冊（一）》，台中：民 92.1 出版。

　　　　　②國立聯合工商專校社區總體營造整體規劃小組，《苗栗縣文化資源與觀光產業調查報告──苗栗縣社區總體營造整體規劃》，苗栗：1997（民 86）。

第二節　人文環境

一、和平鄉達觀村部落沿革及遷徙、形成

（一）鄉村設治沿革

　　從地圖來看，和平鄉位於台中縣東北方，境內幅員廣闊，群山聳立，以雪山為主峰，有中央山脈脊樑之稱，大甲溪橫貫本鄉，大安溪鄰滋潤，沿岸景色秀麗，豐富的水源並提供發電之用。和平鄉早年為泰雅爾族[10]住民居住之所，地廣人稀，日據時期原屬東勢郡，劃為山地理蕃行政區，由警察綜理所有民政、教育、衛生等行政業務。因原住民族性堅強，時有抗日行動，日人以懷柔統治無效，乃兼施鎮壓，圖以武力統治。其時，將全鄉編為三個外理區（埋伏坪、久良栖及佳陽），及十九個派出所、十個社，並強制原住民集體遷移，以利統治。直到台灣光復後，乃將本鄉劃為台中縣行政區域之一，並命名為和平鄉。

　　和平鄉達觀村析設自「自由村」的東北半部，西南為自由村、南為中坑村、東南為博愛村，北則為苗栗縣泰安鄉。「達觀」村名源於タッカソ（TAKKAN）部落的譯音。村內有竹林、摩天嶺、達觀（香川）及雪山坑（桃山）等居民點，多分佈在東崎路沿線。居民組成方面，原住民和平地人各半。原住民以泰雅爾族北勢裙為主，平地人則多半來自東勢等地的客家人。在民國九十二年（二○○三）底的人口數為：平地人

---

[10] 為正本清源泰雅爾族之族名，在本論文中所有提到本族族名，都使用泰雅爾族來表達。

681 人、原住民 637 人，合計 1318 人。[11] 幾經台灣文化社會及政經之變遷，到今民國九十五（二○○六）年五月變成為平地漢人為 662 人（278 戶）、原住民為 681 人（204 戶），該村人口總計為 1343 人。[12]

（二）部落遷徙及部落形成

我們當有所瞭解，由於泰雅爾族常常是沿著溪流遷徙，部落也是畔溪而聚，有時居住在同一河流流域的部落會組成部落聯盟，各溪流之名亦往往也成為泰雅爾族內分群，與瞭解泰雅爾族重要的依據。

日據時期因北勢群族人頑抗日本人，迨「前進北勢番」後，惟恐北勢群集結，將其分化為臺中廳及新竹廳予以管轄。大安溪從雪山山脈發源後向西流，經過卓蘭台地與東勢丘陵之間，再過銅鑼台地，於大甲複合沖積扇平原的北端入海，全長七五‧八公里，現在是苗栗縣與台中縣的河界，流域內支流眾多，地形複雜，世居在大安溪沿岸的族群，是自稱為 Mr Peinox[13] 的泰雅爾族人，一般稱呼這一族群為「北勢群」。Mr Peinox 設有八社，古有「北勢八社」之稱，該社分別為 Midon（老屋峨社）、Savr l（武榮社）、Msuru（蘇魯社）、Wagang（馬那邦社）、Boanan（眉必浩社）、Tayaf（得木巫社）、Arubon（盧翁社）及 Bayanof（盡尾社）等。

Mr Peinox 流傳著祖先發祥於大霸尖山，其後族人繁衍愈多，活動的範圍南抵東勢、石角一帶，西至大坪林，東至大甲溪岸谷關附近之 Sekalit，北臨大霸尖山。Mr Peinox 移動之時，曾經趕走賽夏族人及自稱為 Tibola 的住民。Mr Peinox 的南邊與平埔族群的巴宰族接壤，因此早期就與外族有所接觸，特別是與岸裡社、樸仔籬社的交往更密，族人從交易中獲得煙、布、糖、鐵及槍枝等，日子一久即造成

---

[11] 張伯鋒等撰述，《臺灣地名辭書卷十二台中縣（一）》，P.433。
[12] 民國九五年五月的和平戶政事務所戶口調查統計資料，委由達觀村辦公處提供。
[13] 瓦歷斯‧諾幹、余光弘，《臺灣原住民史泰雅族史篇》，P.40 作者的解釋為 Mr Peinox 的原意為「平坦」的意思，因大安溪溪底平坦得名。

富裕而強悍著稱。大安溪流域的泰雅爾部落，現在分屬台中縣的和平鄉與苗栗縣的泰安鄉，和平鄉下轄的有達觀與自由兩村、屬泰安鄉的有梅園、象鼻及士林等三村。

　　達觀村在和平鄉西北部，大安溪左岸，南以烏石坑溪與自由村接壤，北與泰安鄉象鼻村為鄰，西臨大安溪，東依久保山、遠藤山，依山面溪，環境優美，現在轄內有竹林、摩天嶺、達觀（香川）及雪山坑等四個聚落。

1.竹林及香川部落

　　達觀村的竹林與香川部落都位於大安溪畔東岸相互連接，南距烏石坑約 1 公里。竹林原名ローグゴ（ROBUGO），可能即乾隆年間記載之「屋鏊」社，清代漢譯為老屋峨，居民則自稱ミトオソ（Mitoon）。居民原本散居於大安溪南側的牛欄坑、尾條溪及北側的白布帆一帶。後來因為流行性感冒及人為動亂的影響輾轉流離，直到昭和四年（一九二九）才移住到現在的地方，部落才得以成形。當時部落計有 52 戶的 194 人。

圖 2-3　竹林部落

照片資料：筆者親自拍攝

圖2-4 達觀〔香川〕部落

照片資料：筆者親自拍攝

民國五十年（一九六一）前後，來自東勢等地的客家人，以各種管道進入本地，定居於竹林部落北側，此後也逐漸分化成「上竹林」，並設立三清壇（祀三山國王）和平安地藏堂等漢人之神壇、廟宇，以為精神寄託。香川與竹林部落的距離約 1.3 公里，該部落該部落人煙較少，大概只有五戶左右，部落內有一間真耶穌教會。

2.達觀部落

達觀與竹林兩部落同屬魯旺克（Lovongo）社人。昔時原居東勢附近牛欄坑，推定兩百年以前，開始向北移動，占有大安溪左岸山腹，包括雪山坑與雙崎之間，作為族人活動的領域，擇居於竹林上方，今遠藤山脊西面的緩斜地，該地海拔 760 公尺，地勢頗高，可眺望四圍，為一防守要地。

民前一年三月十二日，魯旺克社與苗栗縣境象鼻一帶各社聯合組成抗日軍，襲擊大湖廳松永交換所，燒毀警舍，切斷電話線。民國元年初日本乃成立進擊隊，由台中隊 2464 名，新竹隊 2055 名，計 4519

圖 2-5　達觀部落

照片資料：筆者親自拍攝

圖 2-6　達觀部落

照片資料：筆者親自拍攝

名。同年一月入山攻侵，兵抵雙崎，魯旺克英勇抵抗，因實力懸殊，
棄社退大安溪支流雪山坑左岸山腹，其地後亦被稱魯旺克。民國九年

月四月，遭流動性感冒肆虐，死者甚眾，社人認係日人統治結果，故乘麻必浩社人揭舉抗日之際，武榮社的魯旺克亦響應，燒毀警舍，切名。同年一月入山攻侵，兵抵雙崎，魯旺克英勇抵抗，因實力懸殊，棄社退大安溪支流雪山坑左岸山腹，其地後亦被稱魯旺克。民國九年斷電話線，殺害日警，日人增援，派飛機入山投彈，諸社才鎮撫。民國十八年三月，經日警誘導社人下山遷移，一部份由畢候阿部（Pexo Apox）率領移居達觀；一部份由巴納・達巴斯（Ponae Tapas）率領移居竹林，這兩處在魯旺克舊址稍下方的溪邊台地。[14]

3.雪山坑部落

雪山坑位於達觀村最北端，大安溪左岸，在與其支流雪山坑溪會合處南面約 200 公尺處，為北向斜地，山腹多急坡，僅溪岸展開些平坦地，現為埋伏武榮與稍來兩社的居民住區。埋伏武榮社，原居今雙崎（舊稱埋伏坪），民前元年，日兵入山進襲，族人避居雪山坑溪上薩瓦地方，至民國十年遷返雙崎。民國十三年十一月一日夜，因不堪日警三年的壓迫，乃由雅巴斯卡給（Yupas Kagi）率族人 18 戶 87 人，向北移動，遷於雪山坑溪上游右岸田巴郎（Tenpalon）地方。民國十八年三月二十九日由頭目雅巴斯再率領下遷居雪山坑；稍來社原居南勢村北方山腹，族人稱其為 Mai Saurai。民前十年因日軍進襲，族中的一部份相率北移，遷至 Suvae。至民國十年再移至雙崎。但有 3 戶 13 人因日警所分配之耕地不多拒絕下山，民國十三年自願遷於田巴郎，及至民國十八年隨武榮社人下山遷來。雪山坑成立於十八年三月，當時人口數計 21 戶，100 人。[15]

---

[14] 同上，P345～346。
[15] 廖守臣，《泰雅族的文化》，P.344～345。

圖 2-7　雪山坑部落

照片資料：筆者親自拍攝

二、達觀村面積、人口數及戶數調查

表 2-2　和平鄉達觀村面積、人口數及戶數調查表

鄉鎮	面積（平方公里）	人口數	戶數
和平鄉	1037,8192 平方公里	10,954 人	4,499 戶
達觀村	45,0101 平方公里	1,343 人	482 戶

資料來源：2006(95)年和平戶政事務所戶口調查統計資料委由達觀村辦公處提供。

表 2-3　達觀村各部落人口數、戶數、鄰數調查表

部落	人口數	戶數	鄰數
竹林部落	307 人	117 戶	5,7 鄰
摩天嶺部落	203 人	109 戶	6 鄰
達觀（香川）部落	412 人	117 戶	3,4 鄰
雪山坑部落	421 人	139 戶	1,2 鄰

資料來源：2006(95)年和平戶政事務所戶口調查統計資料委由達觀村辦公處提供。

圖 2-8　和平鄉達觀村（包括竹林、摩天嶺、達觀〈香川〉
及雪山坑等部落地圖

資料來源：黃盈豪提供其電腦繪圖大安溪部落地圖。

三、達觀村各部落開拓史及地名淵源

　　回顧先人們開天闢地的腳蹤，台中縣和平鄉達觀村從過去到今
天，部落發展隨著時代一天比一天進步，曾經是荒蕪的地區，在我們
祖先們蓽路藍縷的努力之下，為我們建造了現在這一片美麗的家園部
落。殷鑑於此，本教會研究小組針對本村各部落的開拓歷程及傳統地
名之淵源展開調查，期願後代子孫們瞭解泰雅爾族的祖先們，在艱困
的環境中如何邁開一步又一步的腳蹤，為我們族人及其部落開拓重要

的發展基礎，進而對我們部落家鄉產生認同感，同心協力踏著不斷前進的時代巨輪，一起為打造部落家鄉更健康、更美好及更亮麗的明天而努力。

今天的和平鄉達觀村包括竹林、摩天嶺、達觀（香川）及雪山坑部落等，其人口共有 1343 人，依語言來分，全村原住民泰雅爾族人（包括澤敖利及賽考利克的山原與平原等）約佔百分之五十一（51%）、平地漢人（包括客、閩及外省等）約佔百分之四十九（49%）。由於我們先人們的智慧與地形所賜，本村各部落依大安溪與東崎路順勢而上，使後人生活便利許多。本村歷經好幾年的開墾拓植，先人們前仆後繼、胼手胝足、披荊斬棘地拓墾這一片泰雅爾族美麗的生活空間。其經年累月所遺留下的古蹟文物，部落家園及文化歷史，足以紀錄先人們生活的演化、進程及其精神內涵。以今天所謂現代化眼光來看，縱然慘澹經營亦將部落生活經驗貼近歲月推移，呈現史蹟古物其過往的光彩已逐漸褪去，但往日先人們拓展的當時，璀璨輝煌的軌跡和那種艱辛奮鬥之歷程，依舊深深烙在當時及後人的心中。因此，對先人們開發部落的歷程與成就，身為泰雅爾族與達觀部落的一份子，我們理當深切體認與瞭解，唯有從認知先人們創業維艱與不易，始能珍惜今天我們共同擁有的成果，再發現與推展更美的將來。

表 2-4 為針對和平鄉達觀村各部落的開拓歷史和地名淵源做一簡單介紹：

表 2-4 和平鄉達觀村各部落的開拓歷史和地名淵源調查表

部落名稱	部落開拓史	地名淵源
竹林部落	＊羅布溝社在大安溪中游溪谷東側遠藤山，海拔約 700 至 800 公尺間（1,333 公尺）斜坡地。 ＊居民屬泰雅爾族北勢群（澤敖利語系）。 ＊光緒 11 年至 12 年間，清軍討伐蘇魯、馬那邦等社時，曾陷入苦戰，死傷數百。乃改以戊兵 350 名，以絕糧道。後來番困不得糧食，介本社頭目 Waiyo Mahon 請款，至 12 年 10 月撤兵。劉銘傳念其功傳授以六品銜，改名白麻鳳。換言之，Mitoon 族人很早就與岸裡社與清官府有所來往，由於軍工匠的入墾，官方曾委請東勢地區的墾戶於 1770、1773 年兩度向 Mitoon 等社埋石為誓，訂立和約。1884 年劉銘傳武力討伐北勢番之際，向官方標榜中立卻向北勢群族人行通風報信之實，奔走於官司與族人之間，被認為調停有功，賜姓當時頭目 Waiyo Mahon 為白麻鳳，並授以官職。 ＊羅布溝社人曾於民國元年 15 日，與東北相鄰的武洋社合力抗日，抵抗從新竹方面南下及台中方面北上之日警討伐隊。此役原住民大頭目朱養老領導，退據「竹林」背後之摩天嶺勇猛作戰，使日方死亡警察人員達 27 人，隘勇 75 人，其他人 23 人；負傷警察 47 人，隘勇 63 人，其他人 25 人，合計 260 人之鉅，今以摩天嶺古戰場著稱。 ＊1920 年因流行性感冒及人為動亂的影響輾轉流離，直到昭和 4 年（1929）才移住至現居地，聚落始成形。當時部落計有戶數 52 人、人數 194 人。 ＊民國 50 年（1961）前後，來自東勢等地的客家人，以各種管道進入本地，定居於竹林部落北側，逐漸分化成上竹林，並設立三清壇（祀三山國王）和平安地藏堂等漢人神壇、廟宇，以為精神寄託。 ＊部落農產品有鶯歌桃、日本甜柿及桶柑等香脆可口。	＊竹林原名ローグゴ(ROBUGO)，可能即乾隆年間記載之「屋」社，清代漢譯為老屋峨，居民則自稱ミトオソ(Mitoon)。 ＊羅布溝社（Robugo）即清代老峨社。

香川部落	* 位在大安溪東岸一處小規模的緩坡地上，南距竹林約 1.3 公里。部落人煙較少，約 5 戶左右，建有一真耶穌教會。 * 摩天嶺所生產的甜柿、桶柑及桃子頗負盛名。 * 近年來亦開始種植咖啡逐漸在大安溪各部落產生影響。	
達觀部落	* 位於大安溪南側支流タツカン溪兩岸之扇狀傾斜地。タツカン義不詳，其住民來源與竹林部落同。 * 當地族人在轉徙過程中，甚早受到漢人的影響習得水田耕作技術，到達タツカン後即引水開成小規模水田。大正 12 年（1923）開始受經費補助，更加速增闢水田進 7 甲。 * 民國初年，因為日軍不斷入山侵襲，使得埋伏坪的原住民北移，揹來社（南勢）住民也隨之北移，進入達觀居住。 * 部落農產品有鶯歌桃、日本甜柿及桶柑等香脆可口。	* タツカン義不詳，其住民來源與竹林部落同。
雪山坑部落	* 在鄉治南勢村之北北東約 20 公里處，位在大安溪納支流雪山溪附近的久保山山坡，海拔約 840 至 920 公尺間；北與馬那邦、蘇魯社隔大安溪谷成三角形。 * 本社居民屬泰雅爾族北勢群（澤敖利），民國 24 年時，平地客籍人佔 64%，已超過原住民籍（佔 32%），並有 4% 的閩南籍。 * 圍繞在雪山坑四週的番人，世稱「北番」，在番族中被日本公認為最剽悍、最難馴服的族群，北番亦被視為最典型的生番。北番中之北勢番（今和平鄉大安溪上、中游流域）自古以來以凶暴聞名全台，清國動用大軍討伐，但反而損傷慘重，最後以姑息收場，當時有許多精銳武器落入北番手中。 * 大正 8 年（1991）底北部山地流行西班牙式感冒肆虐，有許多人死亡，原住民認為是與異民族接觸，祖先神靈作祟，故必須趕走異民族，來平息此一劫難，因此密商俟機出草。 * 1920 年 1 月以後，北部原住民頻頻出草，日本當局調動大批警力前來支援，甚至出動直昇機轟炸原住民部落，以嚇阻原住民。6 月 17 日日本鎮壓武榮	* 地名因大安溪支流雪山溪得名。 * 雪山坑又名桃山，是日治昭和初年形成的部落。 * 雪山坑成立於十八年三月，當時人口數計二十一戶，一○○人。

雪山坑部落（續）	社，燒毀原住民根據地，倉庫 12 棟，住家 10 戶。10 月 3 日日本警務局飛行班警部遠藤市郎身負掃蕩台中州東勢郡轄內北勢原住民之任務。10 月 3 日他駕駛中島式飛機第 22 號飛臨暴徒之巢雪山溪上游，前後四次尋找散處各地之原住民房屋加以轟炸，查到馬比魯哈（Mabiruha）社暴民之巢穴。4 日又駕駛第 41 號載依田特務曹長再飛到雪山坑上游，炸射原住民部落後因飛機故障而墜落，同機的依田曹長毫髮未傷，並沿雪山溪逃走。遠藤警部因受傷後不省人事，無法與依田曹長一同逃難。但在救護隊到達之前，已被暴徒（武榮社）所殺殉職。1931 年日本在該地立石為碑為紀念此事（該石碑曾一度被荒蕪雜草所淹沒，921 大地震，將基座震斷，再度露出）。 ＊武榮社（現在的和平鄉雪山坑部落，未被日本遷移下山之舊社，位於雪山坑溪上游，該社頭目 Kagi Nokeh 為附近眾社之大頭目），被日本視為眾社最為凶暴之社。 ＊居民分別來自埋伏坪武榮社和大安溪、牛欄坑溪合流處之觀音山麓的捎來社，大正 13 年（1924）末兩社居民因不願屈服日治政府的管制，避居於雪山坑溪上游右岸的テンボーラン地方（TENBORAN）。 ＊昭和 4 年（1929）初，復因水田獎勵耕作政策，居民再移往西北側之雪山坑現址。 ＊雪山坑部落於民國 70 年至 80 年之間，也曾開發雪山花園農場而聲名大噪，帶來無數的遊客，本部落一度擁有桃花園之美譽。 ＊部落農產品有鶯歌桃、日本甜柿及桶柑等香脆可口。	

資料來源：①洪敏麟，《臺灣舊地名之沿革第二冊（下）》，台中：臺灣省文獻會，民 73.6 出版。

②張伯鋒等撰述，《臺灣地名辭書卷十二台中縣（一）》，台北：國史館台灣文獻館，民 95.10 初版。

③瓦歷斯‧諾幹、余光弘，《臺灣原住民史泰雅族史篇》，台北：國史
館臺灣文獻館，民 91.12 出版。

④臺灣省文獻會，《日據時代原住民行政志稿第三卷》，台中：1999
出版。

⑤財團法人台灣基督長老教會台中中會，《台灣基督長老教會台灣中
部宣教 130 年史暨台中中會設教 70 年特刊》，台中：台灣基督長老
教會台中中會，2003.1 出版。

⑥臺中廳蕃務課，《臺中廳理蕃史》，台北：株式會社臺灣日日新報社，
大正三年七月印刷。

⑦訪問泰雅爾族北勢群八社大頭目 Kagi Nokeh（卡依‧諾給）第八
代後代 Pihaw Payan（陳榮爵）頭目口述。

⑧訪問 Qalan Tgbil（雪山部落）者老 Yabu Hayun（張正開）口述。

四、達觀村各部落族群分佈概況簡述

台中縣和平鄉八個行政村內，有大甲溪與大安溪之分，因為地理
環境的關係，族群的分佈也會有所不同。位居大甲溪（以賽考利克語
系）的地區的居民，長久以來，除了較早接觸漢人及生意人之外，都
和久居大安溪（澤敖利語系）的居民一樣殷勤工作、民風較為淳樸及
愛部落愛家的族群。不過，不論是大甲溪或大安溪地區各部落則以
原住民泰雅爾族為主，其他族群也包括客家、閩南及外省等族群在
此居住。

筆者及工作坊研究小組以為事不宜遲，關心族人及部落的事必
須從現在做起，達觀村其實與台灣各原住民部落相同，刻正面對工
商及休閒產業發達之影響，傳統文化歷史及古蹟文物的存在價值，
常常在不經意的情形之下被我們所猛然忽略，但法國第五大學民族
誌暨人類學教授 Jean-Pierre Warnier（尚－皮耶‧瓦尼耶）在其著作
Lamondialisation de la culture（《文化全球化》）裡闡述：我們必須緊

扣著文化概念，其特色是傳承的模式，如同「傳統」的意涵。「傳統」的定義為：「指過去仍持續至現在的事物，它傳遞到接收者身上，且繼續發揮作用，並為接收者所接受，又將其一代一代的傳下去。他解釋說所謂「愛斯基摩人的文化」，指的便是每個愛斯基摩人身上所擁有的知識、藝術、才能及其他習慣等等，因為他隸屬於這樣一個社會之故。因此瓦尼耶教授說：沒有一個傳統文化不牢牢附著在歷史上及地理上十分確立的社會。沒有哪一個文化能夠獨立於孕育其文化上的社會而存在，並不斷予以傳承[16]。我們都瞭解，長久以來部落因著整體的大環境陷入絕境，文化社會價值的混淆，造成部落族人不懂得珍惜我們所擁有的美好「東西」，建基於現在的傳統文化歷史與古蹟文物絕不可忘懷。因為時代不論如何變遷，它依然還是有其存在的意義與價值，所謂風華再現。只要你我願意起而行，就可以開始做、就不會嫌晚。每一個原住民部落都有其獨特而不可被取代之特色，因此我們深信達觀村各部落絕對是一處極具文化特色的泰雅爾族部落，先人們將士用命把我們帶到這裡，並且長住於此，達觀村每一個部落的人們，何其有幸地，可以擁有這麼多、這麼豐富珍貴的資源，怎能不加以維持與珍惜呢？

　　但居住在達觀村各部落裡的族群，除了泰雅爾族（北勢群）之外，還包括了客家、閩南及少部份的外省籍等，顯見其在文化與倫理表現上是多元性的，雖然僅是一個小小的偏遠部落，也是世界民族的一個地方，在這個地方的多元性民族承襲著世界倫理的一環。所以，今天要談世界倫理，我們的傳統的確可以提供豐富的資源，可是我們當有所瞭解，單純的復古絕對行不通的，因為我們今天絕不可能再像乾隆皇帝那樣以文明的中心自居，把我們的道德倫理輸送給四夷。然而今

---

[16] Jean-Pierre Warnier（尚－皮耶・瓦尼耶），吳錫德譯，《文化全球化》，P.22～23。

天流行多文化主義的觀點，視世界諸文化各自為一中心，互相尊重，卻要努力加強彼此間的交流互濟，謀求共識。另一方面，在部落中因為看到彼此的努力，我們有必要分別從各自不同的古老傳統中深入到自己的泉源去吸取營養，更新自己的生命，面對現代的問題，以求會通於未來。由此觀之，我們團結一致、攜手同心共同建立一個既融合又獨立的文化特色。[17]

圖 2-5 為筆者及工作坊研究小組對本村各部落族群分佈之概況、所屬部落及其族語為何，做一個整體的調查與記錄，在整理之後彙集成表，提供民眾之參考資料。

表 2-5　台中縣和平鄉達觀村族群分佈情形

族群	人數	百分比
原住民（泰雅爾族）	681	51%
漢族（客家、閩南及外省）	662	49%

資料來源：2006（95）年和平鄉戶政事務所戶口調查統計資料委由達觀村辦公處提供。

表 2-6　達觀村各部落族群分佈概況調查表

村／部落	族群分佈概述	族語（主／副）
達觀村	本村各部落人口約有 1,343 人，其中原住民泰雅爾族約佔百分之五一（51%）的最多，其他如客家、閩南及外省籍約佔百分之四九（49%），分別散居在各部落中。	原住民泰雅爾（北勢群）客家／閩南／外省

資料來源：筆者及工作坊研究小組整理。

---

[17] 劉述先，《全球倫理與宗教對話》，P.62～64。

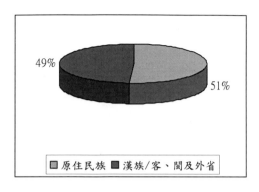

圖 2-9　達觀村各部落族群分佈百分比圖

資料來源：筆者親自電腦繪圖。

五、達觀村各部落先賢事蹟

　　和平鄉達觀村在我們泰雅爾族先輩們前仆後繼、赴湯蹈火地排除萬難，他們一輩子可能裹著樹葉、沒穿鞋子的腳，用身軀及血汗辛苦經營之下，開創了今天本村各部落蓬勃富饒之景象。其中包括本族人及外地人遷入開墾的居民、鄉紳等，其中最為人所尊重也津津樂道的是 Kagi Nokeh 大安溪（北勢群）大頭目，帶領族人赤手空拳開拓自由及達觀等村、及大安溪的各部落，可以說是他奠定了泰雅爾部落的發展基石，做為後人開拓的先鋒。

　　我們祖先們用盡了他們的生命，一點一滴、一手一腳為我們建構了今天的倫理道德及部落家園，在部落發展之進階中烙下不可抹滅的史實，不論是部落的建設或文化活動，無不身先士卒、鞠躬盡瘁地為使一代一代子孫們，過著更美好的生活，期盼能繼續傳承部落優質文化。

　　泰雅爾族先輩們的事蹟，經過歷史文化的記載及口耳相傳，這麼沉穩內斂的運作，使得後人們得以感恩並立下典範。一種認知力量的

催逼，使我們欲進一步瞭解先輩們跋山涉水、冒險犯難，從無到有的歷史成果，今天後代子孫們必須以最謙卑的態度，才能用心靈去體會與用生活實況回應他們當初開拓部落的內涵，並珍惜部落既有的成就，進而保存、發揚先輩們開疆闢地的文化精神。

每一個泰雅爾族人沒有任何理由拒絕承擔了先輩們建構的文化，我們生於斯、長於斯對達觀村各部落的自然資源、部落生態、歷史文物及先賢史蹟等，理應尋其根、溯其源，進而踵步前賢的延續生命，並開創族人與部落更輝煌、更璀璨的將來。文化的傳承實為刻不容緩，先輩們的闢疆精神，值得身為泰雅爾族後代的我們效法，祈願我們像捆在一起的筷子同心同德緬懷，先輩們走過的每一個腳步，展望過去、發揚未來，在部落中大家齊心協力為開創更美好的生活品質而努力；今天我們拭去先輩們的汗水，明天後代會拭去我們所流的汗水，一棒接一棒地全力以赴，讓我們攜手同心走在自己部落的星光大道。

以下為筆者及工作坊研究小組的研究，將本村四個部落的先賢及其事蹟，以表格方式列舉之：

表 2-7　達觀村各部落先賢事蹟表

部落名稱	先賢	出生地	先賢事蹟
竹林			
香川			
達觀	Mayung Mahung（馬優恩‧馬厚）		據傳清末，當劉銘傳以武力討伐泰雅爾北勢群族人，當時擔任 Mt'un（達觀部落）頭目的 Mayung Mahung 努力奔走官方與族人之間，被認為調停有功清廷乃賜姓頭目為「白麻鳳」，並授以官職。
	Pihaw Payan（比浩‧巴燕）		日據時期，約大正 10 年，埋伏坪警戒所游成偕二人，被羅布溝社人於羅布溝溪斬首，主謀就是 Pihaw Payan 等人繳械歸順。

| 雪山坑 | Kagi Nokeh（卡依·諾給） | 他是大安溪泰雅爾族（北勢群）八社的大頭目。終其一生熱愛部落與民族，為了族人免於受難、及護衛部落傳統領域免於被侵佔。他帶領族人對抗日本這個侵略者，也照顧部落生活清苦的族人，給予吃住、甚至接至自己家裡安置、領養與教育。因此，至目前為止，在部落裡甚獲族人尊敬與稱道的大頭目。 |

資料來源：筆者及工作坊研究小組整理。

六、達觀村各部落居民之宗教或民間信仰

　　基督教神學家 Paul Tillich（保羅·田立克）[18]在他的著作《信仰的動力》（*Dynamics of Faith*）談到信仰團體及其表現方式時，說：「信仰的生活就是信仰團體的生活，這不僅包括參與信仰團體中的團體與組織，也包括了團體成員的內在生活。信仰團體生活就是信仰生活，即使是神秘的獨居生活也不例外。此外，凡是有團體的地方就有信仰團體」。又說：「教派與神話使信仰生生不息。沒有人能完全獨立於信仰之外，因為人人皆有終極關懷。儘管很少人瞭解信仰的意義與力量，但這兩者與信仰生活關係密切，因為它們不僅表達一個團體的信

---

[18] Paul Tillich（保羅·田立克）生於 1886 年，係德國人，牧師的兒子。第一次世界大戰時他是德軍隨軍牧師。戰後成為一位神學家，開始和「宗教社會主義」運動接觸，這是一個和希特勒作對的活動。1933 年在 Reinhold Niebuhr（尼布爾）的幫助下，他逃出德國到美國紐約協和神學院，立刻又被哈佛大學請他擔任神學教席。1965 年去世那年他還在芝加哥大學任教，他終身在神學院教書，經驗豐富名噪一時，每次上課學生擠滿教室，他一生工作不歇。他被稱為「神學家的神學家」，因為他見地不同凡響，作品沒有一本容易懂的，學術性非常之高。田立克精通歷史、哲學、心理學及藝術，對於以往的思想家的思想，可以如數家珍的講述出來，他的成就是典型德國學術的代表。另一方面，他亦是新教神學家和存在主義哲學家，著有《系統神學》、《存在的勇氣》、《永恆的現在》及《文化神學》等。

仰，也能在團體成員間發表個人信仰」[19]。因此，宗教信仰在人類社會中佔有非常重要的角色與地位，本村各部落當然無法關起門來與世隔絕，每個人都有自己的信仰。我們知道，宗教只要符合社會需要的皆能兼容並蓄的融合在一起，信仰除了能監督世人之外，還能成為安定社會秩序的重要力量。

達觀村各部落的住民包括泰雅爾族、客家人及少部份的外省族群，是一個多數族群匯集的地方，其所形成的宗教信仰也是綜合性的。屬漢人的客家人與閩南人的民俗活動，大都來自中國大陸，沿襲中國傳統習俗。由於空間阻隔、生活習慣與族群相異之影響。信奉不一樣的神，如客家人膜拜義民爺或三山國王；閩南人敬奉王爺、開漳聖王等等，其等明顯的差異。而原住民泰雅爾族亦有其傳統習俗，但經過文化變遷及社會的思潮，泰雅爾族的文化習俗及宗教信仰，也都經過傳統的精靈崇拜轉變成基督教的信仰，長久以來達觀村各部落及其族人也很難不受平地漢人的文化與現代文明的影響，許多習俗均以有所改變。

本村部落內的教會與寺廟，大都由族人、該宗教組織系統及民間所創辦。我們不時看到教會不但是民眾自治中心，亦是心靈所繫之地，其所推動的教會或文化活動，已融入當地居民生活中，成為民俗文化不可或缺的一部分。近年來，隨著社會經濟的繁榮，許多教會的宗教信仰活動更朝著多元化發展，已成為居民藝術、民俗、公益及休閒等活動的主導力量。殷鑑於此，本教會研究小組特別針對村內各部落之宗教或民間信仰（表2-8）及寺廟名稱、主祀神像（表2-9）作調查，並列舉如下：

---

[19] 保羅・田立克，魯燕萍譯，《信仰的動力》，P.100～103。

表 2-8　達觀村各部落居民之宗教或民間信仰

村／部落名稱		宗教或民間信仰摘要
達觀村	竹林	泰雅爾族人傳統的信仰中心為祖靈。所謂「祖靈」可說是泛指所有的超自然存在。今天該部落族人雖然保有許多部落原始的傳統習俗或信仰，但時代之變遷，漢人文化的滲入對本村部落泰雅爾族人之信仰，產生了急速變化與影響。另一方面，亦受到基督教與天主教深入部落的影響，造成許多族人排除對祖靈之信仰外，大都改信基督教，鳥瞰部落教會之多、信徒之眾，足見其重要之影響力。
	摩天嶺	過去和其他部落相同，該部落至今天雖然尚屬泰雅爾族傳統領域，但文化社會之變遷，漢人不斷滲入對該部落，泰雅爾族人之文化及信仰，產生了急速變化與重大影響。導致該部落幾乎已變成了以漢人為主要的族群，當然也以漢人的佛、道教為主要信仰，鳥瞰達觀村內唯一沒有教會的部落。
	達觀（香川）	泰雅爾族人傳統的信仰中心為祖靈。所謂「祖靈」可說是泛指所有的超自然存在。今天的泰雅爾族人雖然保有許多部落原始的傳統習俗或信仰，但時代之變遷，漢人文化的滲入對本部落泰雅爾族人之信仰，產生了急速變化與影響。 最主要受到基督教與天主教深入山地部落的影響，造成大部份族人對祖靈之崇拜逐漸生疏，大都改信基督教與天主教，鳥瞰部落教會之多、信徒之眾，足見其重要之影響力。 本部落當中也有零星散居的客家籍及外省籍滲入，但在宗教信仰方面卻遠不如在地的泰雅爾族人的信仰。
	雪山坑	泰雅爾族人傳統的信仰中心為祖靈。所謂「祖靈」可說是泛指所有的超自然存在。今天的泰雅爾族人雖然保有許多部落原始的傳統習俗或信仰，但時代之變遷，漢人文化的滲入對本村部落泰雅爾族人之信仰，產生了急速變化與影響。 另外，最主要受到基督教與天主教深入山地部落的影響，造成大部份族人對祖靈之崇拜逐漸生疏，大都改信基督教與天主教，鳥瞰部落教會之多、信徒之眾，足見其重要之影響力。 本部落當中也有零星散居的客家籍及外省籍滲入，但在宗教信仰方面卻遠不如在地的泰雅爾族人的信仰。

資料來源：筆者及工作坊研究小組整理。

表 2-9　達觀村各部落居民宗教信仰

部落別	教會名稱（寺廟名稱）	信仰對象（主祀神像）	教別	所在地	電話
竹林	真耶穌教會竹林教會		基督教	和平鄉達觀村東崎路一段香川巷 5 號	04-2591-1420
	三清壇	三山國王	道教	和平鄉達觀村 5 鄰東崎路一段 53 號	04-2591-1281
摩天嶺	寺廟	觀世音	佛教	和平鄉達觀村 6 鄰東崎路一段天嶺巷 10 號	04-2591-1363
	法行宮	觀世音	佛教	和平鄉達觀村 6 鄰東崎路一段天嶺巷 2-1 號	04-2591-1653
達觀（香川）	台灣基督長老教會泰雅爾中會達觀教會		基督教	和平鄉達觀村東崎路一段育英巷 21-1 號	04-2591-1563
	天主教		天主教	和平鄉達觀村東崎路一段育英巷 21-1 號	04-2591-1265
雪山坑	台灣基督長老教會泰雅爾中會雪山教會		基督教	和平鄉達觀村東崎路一段桃山巷 30 號	04-2591-2067
	天主教		天主教	和平鄉達觀村東崎路一段桃山巷 5-4 號	
	基督教會		基督教	和平鄉達觀村東崎路一段桃山巷 10-2 號	
	曠野協會教會		基督教	和平鄉達觀村東崎路一段（雪山部落）	

資料來源：筆者及工作坊研究小組整理。

七、達觀村各部落歲時習俗簡介

　　對於非原住民來講，要認識台灣原住民族的真實面貌（包括文化、經濟、社會制度及生活習慣……等等之結構），最快又最便捷的「場所」就是祭典。台灣原住民族長期累積的人文習慣與活動，都和大自然的運轉產生「人－大自然－天」的生存邏輯，這正是原住民族文化精義所在。原住民的祭典正是文化精義的濃縮與體現：認知祭典原本是接觸、瞭解原住民族文化的一條「學習旅程」[20]，但是自從政府大力輔導之後，迫使原住民族部落進入台灣的消費型社會，原住民族祭典亦開始產生質變，這個質變就是觀光休閒及旅遊文化造成，原住民族的祭典一下子變成觀光客眼中的「動物園」，大多數之觀光客懷抱著走馬看花、欣賞奇風異俗的心態前來，因此原住民族的祭典活動普遍被視為重要的觀光資源利用；此時，祭典莊嚴神聖的氣氛早已被照相機與攝影機，以及被大聲咆哮看著好玩的消費者破壞殆盡，此情此景硬是讓原住民族的祭典，快速地使其走入崩潰瓦解。

　　「歲時祭儀」在每個民族中都是重要而獨特的文化，亦是生活的一環。其活動與過程盡在反映人們的宗教信仰以及生活習慣，同時也表現出該民族複雜又綜合性之庶民文化的變遷與價值。對泰雅爾族及其部落而言，所謂「歲時祭儀」其堆砌族人們的生活習慣、宗教信仰、部落道德及生活依循的準則。因此，傳統習俗乃經過部落社會長期的學習與變遷，泰雅爾族部落的重要歲時習俗活動，其實是農耕運作以及和傳統信仰崇拜已融合在一起，祖靈祭儀式更逐漸成為該族人、部落文化以及崇拜的重心。

---

[20]　瓦歷斯‧諾幹，《番刀出鞘》，P.173。

　　泰雅爾族重要的歲時祭儀包括了 Sm'atu（播種祭）、T'aring kmloh
（摘穗祭）、Smyus 或 Pslkotas（祖靈祭）等三種；然前述所謂的 Sm'atu
（播種祭）及 Smyus 或 Pslkotas（祖靈祭）為部落族人聯合舉行；其
次，T'aring kmloh（摘穗祭）為部落共同、或各戶分別舉行[21]。其中
屬於北勢群的達觀村各部落的傳統歲時祭儀，除了上述的祭儀之外，
還包括 Taring mnayan（開墾祭）大約在新曆的 10、11 月舉行，Stbux
（除草祭）約在播種祭 5～7 前天舉行，Zmup Khu（入倉祭）約在收
割的小米、旱稻曬乾以後舉行。[22]

　　屬於大安溪流域的泰雅爾族北勢群，台中縣和平鄉達觀村各部落
雖有原（泰雅爾族）漢（客家及外省籍）之分，歲時節期亦各異其趣，
因族群、文化、社會及出生地的大不同，但也因為原漢之間生活互動
的頻繁，產生對部落的歸屬認同。

　　筆者及本教會研究小組為促進外縣市對本村各部落之獨特傳統
文化、歲時祭儀之瞭解，針對各部落進行調查，同時將資料彙集成表
（如表 2-10），提供予民眾參考。

表 2-10　達觀村各部落歲時習俗或宗教活動一覽表

地名 月份	竹林部落	摩天嶺 部落	達觀部落 （香川）	雪山坑部落
一月	＊冬至、 除夕	＊冬至、 除夕		①跨年感恩祈禱禮拜 ②國外宣教奉獻主日 ③每月舉行一次部落環境整潔活動 ④原住民事工奉獻主日

---

[21] 台灣總督府臨時台灣舊慣調查會，《番族慣習調查報告書（第一卷）泰雅族》，
　　P.42～49。
[22] 林為道、尤瑪‧達陸，《泰雅族北勢群的農事祭儀》，P32～113。

二月	＊農曆春節	＊農曆春節	＊農曆春節	①部落春節聯歡晚會 ②每月舉行一次部落環境整潔活動 ③228 公義和平日＊農曆春節
三月				①每月舉行一次部落環境整潔活動
四月	＊清明節	＊清明節	①棕樹主日、耶穌受難週 ②耶穌復活節	①棕樹主日、耶穌受難週 ②耶穌復活節 ③每月舉行一次部落環境整潔活動
五月			＊母親節慶祝活動	①關懷亞洲紀念主日 ②母親節慶祝活動 ③每月舉行一次部環境境整潔活動
六月	＊端午節	＊端午節	＊靈恩佈道會	①每月舉行一次部落環境整潔活動 ②環境主日
七月				①每月舉行一次部落環境境整潔活動
八月			＊感恩節	①原住民正名紀念主日 ②每月舉行一次部落環境整潔活動
九月	①中秋節 ②中元普度	①中秋節 ②中元普度		①普世事工紀念主日 ②每月舉行一次部落環境整潔活動
十月				①宗教改革紀念主日 ②每月舉行一次部落環境整潔活動
十一月				①每月舉行一次部落環境整潔活動
十二月		①靈恩佈道會	①聖誕節教會舉辦慶祝活動，如報佳音、感恩禮拜及聖誕愛餐等	①聖誕節教會舉辦慶祝活動，如報佳音、感恩禮拜及聖誕愛餐等 ②跨年感恩祈禱禮拜 ③世界人權日

資料來源：筆者及工作坊研究小組整理。

八、達觀村各部落文化活動簡介

在這幾年之中，我們看到台灣人民對土地的疼惜、對文化的傳承的使命，催使許多的社區或部落非常活絡，從原本寂靜的社區變成熱絡的社區、從原本髒亂的社區變成潔淨的社區、從原本陰暗的社區變成明亮的社區、從原本害羞的社區變成大方的社區、從原本冷漠的社區變成熱忱的社區、從原本個人的社區變成眾人的社區等，這些改變均肇始於社區的文化活動，它可以促進社區居民的凝聚力、可以帶動社區的發展及它可以給予社區居民的向心力。其實在許多社區推動各種文化活動時，我們可以窺見到這些文化活動蓬勃發展背後，至少有兩個絕不可或缺的重要因素：其一，是社區居民的熱心與不落人後的參與，將自己社區的文化活動視為首要工作，所以在每一場的文化饗宴中絕不可缺席。其二、為各級政府主動的支持與積極的關懷每個社區的文化活動，不可否認政府的積極作為會對該社區、該活動產生關鍵性影響。由此觀之，作為一個社區發展的內涵與重要基礎，文化活動是社區建構重要與不可或缺的媒介，亦成為社區發展過程中的推手。

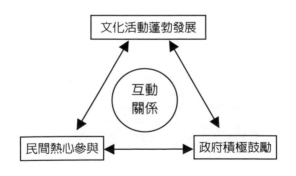

※筆者親自繪圖

　　近年來，在台灣社區發展史過程中，文化活動、民間參與及政府的鼓勵早已形成「鐵三角」，缺一不可地緊密在一起。台灣社會在文化與社區這一塊園地，是值得慶幸的，經過風起雲湧的社會運動及政黨輪替之後，我們看到政府開始積極推動地方文化植根工程，用心推廣最基層民間的文化活動，落實文化建設工作，依據民間的需要及長期計畫，擬定一套合乎現代化國家和社會需要的民間文化系統，同時用其來填補傳統社會解構時所造成的文化空隙，而深邃地方文化活動的蓬勃發展與普及性，更是迫切需要政府的扶植鼓勵與鼎力協助，再結合民間文化、社區及其民眾的力量，唯有如此才能真正使文化活動深入普及地方。

　　台灣原住民族及其部落數十年以降，非常艱苦地被迫跟著台灣社會大環境的腳步跑，著重經濟發展的實況之下，部落及其族人已莫名、無奈地逐漸忽略了優美的傳統文化與風俗的傳承工作。令人遺憾地，近年來在政府大力推動與鼓勵原住民推展文化及其相關活動時，台中縣和平鄉達觀村各部落卻遍尋不著一些有心的族人或團體，願意為文化傳承及其活動付出經營，長此以往當然深深地塑造了滿山遍野的文化大沙漠，每個部落貧瘠的就像是大戈壁一樣，連一株文化的幼苗都長不出來。相形之下令人欽羨的是像其他社區、部落以及文化中心舉辦的展演活動、藝文活動或講座、鄉鎮圖書館的社教活動、甚至還有國際團體的公益活動等等。從過去到今天，該部落一直還沒有族人願意為文化相關活動努力，如果文化這一區塊沒有族人來傳承相挺的話，我們要開始為達觀村各部落及其族人的未來憂心，當如何為下一代建構一個全新的部落生活空間。

　　表 2-11 為筆者及工作坊研究小組，對本鄉達觀村各部落社團的活動資料所做的整理、彙總表，以做為民眾所需之參考用途。

表 2-11　達觀村各部落文化活動調查表

村╱部落	文化活動	其他
竹林部落		
摩天嶺部落		
達觀（香川）部落	①原住民深耕德瑪汶協會部落工作站： 　　配合原民會舉辦「部落婦女編織研習活動」。 ②原住民深耕德瑪汶協會部落工作站： 　　部落美食競賽活動，也邀請其他部落共襄盛舉。	
雪山坑部落	①雪山基督長老教會： 　　配合鄉公所舉辦「年度原住民族語言學習暨語言巢」推動本部落族語學習研習活動。 ②雪山基督長老教會： 　　與三個姐妹教會（其中有瑟基克族與閩南等）、以及本部落的天主教聯合舉辦聖誕節活動。	

資料來源：筆者及工作坊研究小組整理。

第三節　觀光資源

　　台中縣和平鄉達觀村及其各部落屬於傳統的泰雅爾族部落，履經幾次外來統治者、和政權的轉變以及時代的變遷，都沒有使該部落產生改變，唯一使其產生重大變化的只有一九九九年 921 大地震，該次天然災變導致地形、環境、產業及人心等觀念之巨幅改變。921 大地震之後，各地在政府相關單位的支持之下，如火如荼的展開所謂的社區觀光產業的復振工作，達觀村及其各部落雖也是災區，但似乎錯過該次社區觀光產業的復振的機會，因此部落居民中難免發出不同的聲音，在這個多元意見之中我們嘗試去整理、調查當地的觀光產業資源，一方面可以建立最初步的文化資源與觀光產業第一手資料，另一

方面亦可回答部落及其族人對社區觀光產業的期待，當各部落族人們在「思考」的時候，也同時對自己的部落家鄉，有一個比較基本、與深刻的瞭解，以增加往後推動部落發展的時候產生自信心。

原住民各部落正「思考」、或已推動社區觀光產業時，我們不厭其煩地再贅述關於社區觀光產業營造的理念：社區觀光產業營造，希望重新發掘土地的肌理，重新發現土地懾動人的故事、人們透過這個發現探討，及在地人的積極參與前提下始能獲得成就。換言之，社區觀光產業營造工作，乃是透過社區居民的參與，才能發現人與土地的關係，進而以各地互異之獨特人文資源，載入旅遊休閒者進入人與土地的生命、進入各地特殊的歷史人文情境。

就土地與人的關係來講，和平鄉達觀村及其各部落因環境（地形）因素，造成族群歷史的複雜與各部落生活的多樣性，有漢人莫名進入拓墾造成原漢關係緊張的歷史痕跡、有泰雅爾族北勢族群抗日的歷歷史跡、有原漢宗教及生活觀念鮮明色彩等等；環伺各部落的高山、台地、溪岸及丘陵地等俯拾皆是珍貴的文化，與生態旅遊休閒的資源，更是契合於未來觀光趨勢之重要資產。就此而論，和平鄉達觀村及其各部落因地形的因素，及還未形成大規模資本入侵，使各部落之間的差異性更能維持，每一個部落均有其獨特的歷史背景，及不同的居民與土地互動之經驗，這些都是首次進行「文化資源與觀光產業調查」的重要著力之面向，期待藉著本調查研究的整理和發掘，以及不斷地回饋部落，將更能保留並維持各部落特有資產之完整性。進而透過部落特有資產之完整性，進一步尊重在地人的歷史之詮釋為原則，發掘並重建合乎原住民部落的人文、自然脈絡之旅遊動線或主題，作為諸多原始調查資料之整合依據，來呈現具有每個部落特質的觀光旅遊資源，同時以故事化、有機化的方式報導或行銷，以利推廣並為社會大眾所接受。

於民國九〇年時，「苗栗縣觀光產業發展高峰研討會暨苗栗縣觀光產業發展推動委員會及產業聯盟成立說明會」，其中的觀光學術論壇，亞洲大學（即前台中健康暨管理學院休閒與遊憩管理學院）系主任鄭健雄教授發表論文，他說所謂觀光資源，簡單地說可以分成四類[23]：

1. 保育的天然資源：天然地景、自然生態等。

2. 開發利用的天然資源：比如說農業利用方面的。

3. 人為資源：人造的遊憩、遊樂設施。

4. 人文資源：人文的、保存的、文化的。

綜觀上述四類分法，讓我們有一個比較清楚的輪廓，進一步瞭解自己部落的觀光產業資源，可以提供我們部落推展觀光產業的方向。和社區觀光相仿的概念所謂的「鄉村觀光」（Rural Tourism），日本稱之為 Green Tourism「綠色觀光」，就台灣原住民族部落發展來論，我們可以瞭解到主流的論述裡，一致認為農村觀光（Rural Tourism），它都必須維繫該地方原有的自然、人文風貌。因此，鄭健雄教授在該次發表的論文中，從社區總體營造的觀點談台灣的鄉村觀光時提到：「……Rural Tourism 應該要具有獨特的鄉土特色，與自然環境維持和諧關係，保存清淨的鄉野風貌。……Rural Tourism 的發展唯有善加利用它所特有的鄉土文化、鄉土生活方式和鄉野風貌，才能在競爭日益激烈的休閒旅遊市場中顯現它的獨特訴求。」他又認為：「……Rural Tourism 係指在鄉村地理範疇內，利用原有的自然生態、農業生產、農村生活與文化活動，經由適當的規劃設計，提供鄉土性休閒產品或服務的一種休閒服務業，以滿足消費者休閒需求，進而發揮鄉土的休閒教育功能。」[24]

---

[23] 苗栗縣政府，《社區觀光營造資源調查計畫——苗栗紀行・社區遊》，苗栗：苗栗縣苗栗新故鄉協會。

[24] 同上，P.12～13。

　　我們到部落田調時，常常問達觀村各部落的族人說：「今天，如果有一旅遊團體到本部落來，您要如何安排整個旅遊行程呢？這個行程可能包括參訪之據點、部落地方特色、以及建議旅遊路線等等。」其結果，大多數的部落族人都吱唔其詞難以回答，更有些族人說在本部落這麼多年，哪有什麼地方可供人觀光參訪？達觀村各部落的確不像台中縣境內其他社區有不少的古老寺廟、宅院、牌坊或名勝古蹟，也不像其他原住民部落有溫泉、高海拔高山及民宿山莊等等。因此我們不禁要問，達觀村各部落真的是這樣什麼都沒有嗎？

　　所謂的名勝古蹟，事實上其所涵蓋的層面及範圍非常多、非常廣，不僅能反映該部落先輩先祖開疆闢地的社會概況與結構，更對其生活演繹及倫理思想等，也能窺探其一、二，古蹟文物已成為我們後代人重要之文化資產，它蘊含著族群心智的締造，以及歷史進階的歷程，是文化成長最具體的見證，身為泰雅爾族後代子孫的我們，實在應當醒悟，認真尋根究源，重新認知自己出生成長的部落歷史文化，並積極去保存、維護及發揚的工作。

　　和平鄉達觀村各部落其實擁有豐富的史蹟與優美的文化以外，還有更多足以令人驚豔及感動的觀光旅遊據點，如部落古道、被日本飛機轟炸的武榮社部落舊址、天然渠成的石岩、以及遠近馳名的山蘇林等等，有其迥異於一般遊憩區的迷人之處，提供現代忙碌人的極佳極美的休閒地區，這些都深具部落觀光休閒的價值。因此，我們可以很有自信地趕緊從蒐集、調查及整理部落歷史文化及認知地理環境做起，讓這些「資料」成為我們部落未來的觀光事業之基礎，透過我們些許的努力盼能累積極為雄厚的部落發展前景。

　　表 2-12 是筆者及工作坊研究小組為本村各部落生態尋訪及觀光據點的簡單介紹，以及各部落主要的車道路線，期待能藉此為民眾提供更為便捷之旅遊資訊。

表 2-12　達觀村各部落生態尋訪及觀光據點

村里	部落名稱	部落特色
達觀村	竹林部落	①石頭緣：竹林部落上方，一個自然攀爬極佳之處，及可欣賞雲海之絕佳至高點。
	摩天嶺部落	①摩天嶺：果園參訪及登山健行極佳的路線，可遠眺大安溪中段。
	達觀（香川）部落	①古道：原野古道健行，鳥瞰大安溪流域。
	雪山坑部落	①遠藤警部殉難紀念碑所在地：位於山蘇林右方，一路豐富的自然資源。 ②山蘇林：位於雪山溪上游（雪山花園農場舊址附近），舉世奇景，佔地約有好幾十公頃、好幾百棵巨木爬滿山蘇，形成壯麗非凡之山蘇林。 ③櫸木林：其為本部落特有經濟價值的植物，亦因該樹木使本部落被稱為 Tgbil（櫸木之意義）部落。 ④賞桃花：位於本部落盆地及附近斜坡處，於每年春天使本部落變得嬌艷動人。 ⑤磐石奇岩：座落於雪山溪本部落上游處，讓悠遊閒靜的雪山溪，增添許多樂趣。 ⑥士林水霸休憩：橫跨苗栗縣泰安鄉士林村及台中縣達觀村雪山坑部落之台電士林水霸，可眺望大安溪上、下游的綺麗風景，與溪畔部落。 ⑦遠藤警部殉難地入口紀念碑：為本部落歷史文化的古蹟，其記錄本部落及其族人的歷史。 ⑧雪山花園農場舊址：本部欲開發推動之「文化生態園區」。

資料來源：筆者及工作坊研究小組整理。

一、達觀村各部落建議旅遊路線

　　美麗純樸與熱忱和善的和平鄉達觀村各部落，是一個典型的依山畔溪、風光明媚的泰雅爾族部落，今天依舊保有傳統部落的風貌，其完整性雖有些被改變，但其蘊藏著豐富自然景觀仍然美麗存在。在這裡可以發現珍貴的動植物、歷史遺址、濃綠翁鬱的森林、蒼翠欲滴的層峰山景、以及優美的河川景觀等等。除此之外，各部落還有水果現採現吃、賞櫻花與桃花、部落深度巡禮等多處觀光休閒之景點，使得達觀村各部落的遊憩價值被提高了許多。

　　達觀村各部落是一個山明水秀、美麗動人的泰雅爾族部落，各部落雖有著同樣的文化，其所蘊藏的觀光資源都不盡相同，民情風俗地表露自然也有所差異，加上部落裡還夾雜著一些客家與外省籍者，但綜觀而言，和平鄉達觀村各部落居民仍以原住民泰雅爾族為主，所以到今天其主要的生活方式與觀念，都還保存著比較濃厚地、傳統的泰雅爾族色彩，成為部落重要的文化特色，對於歡喜來到該部落的遊客們，可以深刻感受到那種純樸帶點熱情、保守帶點現代的泰雅爾族部落風味。

　　值得一提地，除了上述贅言的珍貴的動植物、歷史遺址、濃綠翁鬱的森林、蒼翠欲滴的層峰山景、以及優美的河川景觀之外，達觀村各部落裡可以新闢多處的觀光果園，與前來的遊客們盡情分享多汁甜美的水果。雖然還未開闢觀光果園，但在水果盛產季節時，其實早已吸引了來自全國各地的民眾前來賞花嘗鮮，也成為大安溪上游原住民部落主要的觀光景點之一。另一方面，和平鄉達觀村各部落都是沿線畔著大安溪，未來更是前往雪霸國家公園雪見遊客服務中心的必經之地，想必會帶來人潮的踏察與休閒。

　　為提供民眾遊憩和平鄉達觀村各部落最佳方式，本規劃小組將全村各生態尋訪及觀光據點列舉如下，並提出旅遊建議路線，以提供讀者、遊客們之參考。此外，表 2-12 為達觀村各部落之主要道路、及公共交通工具之調查表，如此期盼能藉以提供民眾更為便捷之旅遊資訊。

（一）竹林部落健行雲海逍遙遊

《觀光景點》

　　摩天嶺、石頭綠、比度咖啡屋及部落廚房、以及雪山部落的山蘇林等。

《景觀特色》

　　摩天嶺（著名的水果專業區）、石頭綠（攀爬及賞雲海），一路可採果上石頭綠來一趟攀爬及賞雲海。可在比度咖啡屋放下輕鬆休憩，並前進雪山部落的曠世奇景山蘇林，沿途可享受清靜山巒與青翠秀麗之景色。

《旅程建議》

　　竹林部落適合安排一日或二日之健行遊，第一天行程足可直達石頭綠來一趟攀爬峭壁，回程可在比度咖啡屋用餐及休憩，晚上可借宿對岸部落的民宿。第二天，可上著名的水果專業區摩天嶺體驗採果樂趣，或直攻曠世奇景雪山部落的山蘇林，一路可享受及欣賞寧靜秀麗的森林景緻。

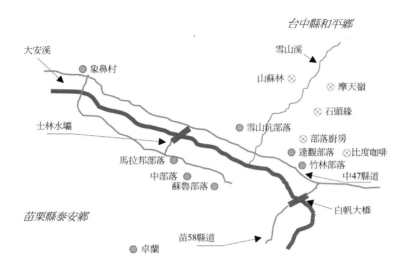

圖 2-10　竹林部落健行雲海逍遙遊導覽圖

資料來源：筆者親自電腦繪圖。

（二）摩天嶺採果縱走遊

《觀光景點》

摩天嶺、石頭緣、比度咖啡屋及部落廚房、以及雪山部落的山蘇林等。

《景觀特色》

摩天嶺（著名的水果專業區）、石頭緣（攀爬及賞雲海），一路可搭竹林部落健行雲海逍遙遊的行程。可在比度咖啡屋放下輕鬆休憩，並前進雪山部落的曠世奇景山蘇林，沿途可享受清靜山巒與青翠秀麗之景色。

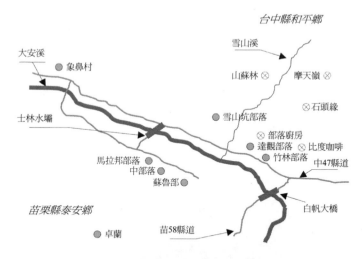

圖 2-11　摩天嶺採果縱走遊導覽圖

資料來源：筆者親自電腦繪圖。

《旅程建議》

　　竹林部落適合安排一日或二日之健行遊，第一天行程足可直達石頭緣來一趟攀爬峭壁，回程可在比度咖啡屋用餐及休憩，晚上可借宿對岸部落的民宿。第二天，可上著名的水果專業區摩天嶺體驗採果樂趣，或直攻曠世奇景雪山部落的山蘇林，一路可享受及欣賞寧靜秀麗的森林景緻。

（三）達觀（香川）部落咖啡飄香遊

《觀光景點》

　　部落廚房（咖啡、花茶及泰雅爾族藝品）、摩天嶺（水果專業區）、香川古道、比度咖啡屋、石頭緣（觀雲海）等。

《景觀特色》

　　遠近馳名的部落廚房與比度咖啡屋為大安溪畔僅有的休憩之處、摩天嶺為著名水果專業區，可以採取各類水果、以及近年來常有人觀雲海或登山攀爬的石頭緣。

《旅程建議》

　　達觀（香川）部落適合安排一日或一夜二日遊，第一日安排部落傳統古道健行遊，第二日可安排部落文化之巡禮，可參訪鄰近苗栗縣泰安鄉南三村之文化工作坊及晚上可借宿該部落的民宿。

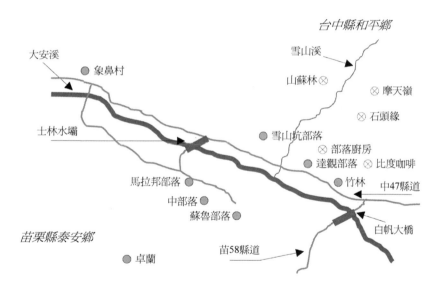

圖 2-12　達觀（香川）部落咖啡飄香遊導覽圖

資料來源：筆者親自電腦繪圖。

（四）雪山坑部落自然生態頌讚遊

《觀光景點》

遠藤警部遭難紀念碑舊址（含北勢群八社大頭目抗日之地）、山蘇林、櫸木林、磐石奇岩、遠藤警部遭難地入口紀念碑、賞桃園（部落深度巡禮）及士林壩以及雪山花園農場的「文化生態園」等。

《景觀特色》

可定名為「泰雅爾部落文化歷史與自然生態遊」，除了可盡情欣賞上帝創造的美麗以外，可蹤走踏察泰雅爾部落的歷史發展過程，當地族人在歷史上如何與當時的統治者日本對抗。包括遠藤警部殉難紀念所在地及其入口紀念碑連成一個風景線，可進入曠世奇景的山蘇林，沿途也踏上磐石奇岩與雪山部落因其得名的櫸木林、以及雪山部落的深度巡禮等。

《旅程建議》

可安排兩天一夜的旅遊休閒行程，踏察本部落。第一天，可直達藤警部殉難紀念所在地及山蘇林，晚上可借宿對岸部落的民宿。第二天，可以從雪山溪上的磐石奇岩、遠藤警部殉難入口紀念碑、雪山部落之深度巡禮及賞桃花舞春風。

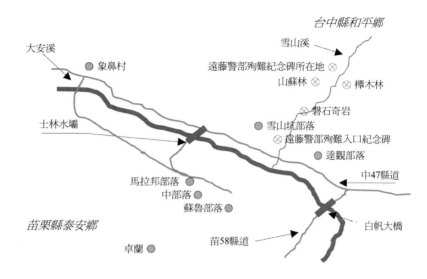

圖 2-13 雪山坑部落自然生態頌讚遊導覽圖

資料來源：筆者親自電腦繪圖。

表 2-13 達觀村各部落車道路線

村里	道路	鐵路	公共交通工具	
			路線	班次
竹林	①縣道－中47號 （東崎路一段） ②省道－台三線 ③縣道－苗58號		①豐原客運 東勢－雪山坑 ②新竹客運 大湖－卓蘭 ③新竹客運 卓蘭－內灣	①4班次 ②9班次 ③1班次
摩天嶺	①縣道－中47號 （東崎路一段） ②省道－台三線 ③縣道－苗58號		①豐原客運 東勢－雪山坑 ②新竹客運 大湖－卓蘭 ③新竹客運 卓蘭－內灣	①4班次 ②9班次 ③1班次

達觀 （香川）	①縣道－中47號 （東崎路一段） ②省道－台三線 ③縣道－苗58號			①豐原客運 東勢－雪山坑 ②新竹客運 大湖－卓蘭 ③新竹客運 卓蘭－內灣	①4班次 ②9班次 ③1班次
雪山坑	①縣道－中47號 （東崎路一段） ②省道－台三線 ③縣道－苗58號			①豐原客運 東勢－雪山坑 ②新竹客運 大湖－卓蘭 ③新竹客運 卓蘭－內灣	①4班次 ②9班次 ③1班次

資料來源：筆者及工作坊研究小組整理。

二、達觀村各部落特色食品概述

　　談到原住民族的特色食品，應該包括各民族各部落的食材、食法及保存法等等，台灣原住民族及其部落都有非常豐富而獨特的食品，一般餐廳、路邊小吃及市場上不一定看得到，但使內行人看得垂涎欲滴多的不勝枚舉，或許我們只能說原住民族的特色食品精彩萬分，來描繪它真的非常獨特，獨特到非原住民可能認為芳香撲鼻垂涎欲滴、也可能認為臭氣沖天難以入口。泰雅爾族部落常用的食材，我們可以用比較誇張、俏皮的話來形容，可能包括：地上地下的、樹上樹下的、水上水中的、會飛不飛的、會爬不爬的、有毛無毛的、有葉無葉的、有根無根的及家禽野畜的以及熟食生食的等等包羅萬象的食材。泰雅爾族是一支分享的民族，對於吃的方面待人從不吝嗇自私，自古以來將食物分享給人從不手軟，自己家裡的米缸已見甕底了，但還是要趕緊分享予人，泰雅爾族就是這樣的民族，難怪嫁作泰雅爾族媳婦的排灣族女性，因此說：「泰雅爾族是一支沒有明天的民族」。

　　常言道：「民以食為天」，自上帝創造人以來，飲食一向都是人的基本需求，生活之中最不可或缺的，俗語教得妙：「戲法每個人都會變、但巧妙各有不同」，泰雅爾族部落中相同的烹飪材料，各家料理方式大異其趣，就會使佳餚產生不同的色、香、味口感，因為如此成就了吃的文化，也同時正表現出一門特別的領域及藝術。近年來，社會型態的快速變遷，文化價值觀的急遽更迭，現代人對於飲食的需要已不再像過去一般，只求個人的飽餐一頓，常講求要如何吃的美味、吃的有特色，如此這般地「美味」、「特色」才是目前多數人對吃的文化，所追求的目標、所渴望的享受。因此在閒暇之餘到處品嚐獨樹一幟的特色小吃，早已經成為現代人假日休閒的一大樂趣及享受人生。

　　和平鄉達觀村各部落的小吃，可能會因地理的不同、產業特色的差異而有所不同，但可以確定地，各部落均為同樣屬泰雅爾族北勢群，部落風味的特色美食，吃的種類與料理烹飪自然是依循泰雅爾族傳統風格，包羅萬象種類多樣，令人就範的山產野味、被歸類健康美食草葉藤莖野菜等，盡都是營養鮮嫩的部落佳餚。本規劃小組盡力蒐集各部落的小吃，為民眾到原住民部落休閒之餘，帶來些許的樂趣與特別的經驗。

　　以下本規劃小組將達觀村各部落深具代表的地方美食做一介紹（如表 2-14），同時列舉各家廚房之聯絡方式（如表 2-15），提供讀者、遊客們之參考。

表 2-14　達觀村各部落特色食品調查表

地名	品名	特色食品
竹林部落	水梨	肥大味甜，紅潤美麗，為本部落主要農產品。
	紅肉李	有本土及進口品種，汁多美味，令人垂涎欲滴。
	五月桃	肥大味甜，紅潤美麗，為本部落主要農產品。
	柑桔	主要栽培椪柑，汁多美味。
摩天嶺部落	水梨	清脆可口，其為本部落傳統農作物。

	甜柿	品種及栽種技術均為引進日本，色香味美，令人垂涎欲滴。
	五月桃	肥大味甜，紅潤美麗，為本部落主要農產品。
	柑桔	主要栽培椪柑，汁多美味。
達觀（香川）部落	桂竹筍	清脆可口，其為本部落傳統農作物。
	甜柿	品種及栽種技術均為引進日本，色香味美，令人垂涎欲滴。
	五月桃	肥大味甜，紅潤美麗，為本部落主要農產品。
	柑桔	主要栽培椪柑，汁多美味。
	部落咖啡	早期栽植咖啡，已為本土特色作物，烘培技術香氣濃郁。
雪山坑部落	桂竹筍	清脆可口，其為本部落傳統農作物。
	甜柿	品種及栽種技術均為引進日本，色香味美，令人垂涎欲滴。
	五月桃	肥大味甜，紅潤美麗，為本部落主要農產品。
	柑桔	主要栽培椪柑，汁多美味。
	桂竹筍	清脆可口，其為本部落傳統農作物。
	甜柿	品種及栽種技術均為引進日本，色香味美，令人垂涎欲滴。

資料來源：筆者及工作坊研究小組整理。

表 2-15　達觀村各部落美食一覽表

地名	店名	地址	電話
竹林部落			
摩天嶺部落			
達觀（香川）部落	比度咖啡屋	比度泰雅風味餐、肉桂風味火鍋、比度香草豬肋排、肉桂起司豬肉捲及肉桂咖啡等。	04-2591-1610
	部落共同廚房	烤小米醃豬肉、樹豆餐、泰雅拼盤、莿蔥烤土雞及山地酒等。	04-2591-1550
雪山坑部落	桃花舞春風咖啡屋	部落泰雅風味餐、各種咖啡、花茶等（建築中）。	04-2591-1282
	部落藝品展示店	部落泰雅爾族傳統飲品、各種水果醋及各類編織、服飾、手飾藝品等（建築中）。	04-2591-2123

資料來源：筆者及工作坊研究小組整理。

第四節　部落產業

　　台中縣和平鄉達觀村各部落由於地理環境，如地形、氣候及河川等先天條件的限制或影響，使各部落發展出有別於其他原住民鄉村部落的地方產業。因此，對達觀村各部落而言，的確是靠山吃山的樣板地區，物產豐饒的部落其出產出甜桃、鶯歌桃、椪柑、紅肉李、甜柿及桂竹筍等部落重要農特產品，其品質口碑早已在市場上爭相購買的極品。除了這些耳熟能詳的農產品之外，達觀村雪山坑部落的櫻花、桃花爭奇鬥艷以及世界級的山蘇林，其壯觀的林貌更是遠近馳名，至目前為止雖未打廣告行銷，但在其品味出眾的綺麗景緻，常常吸引不少慕名前來的遊客。

　　由此觀之，和平鄉達觀村各部落得天獨厚的擁有豐厚的自然景觀、與特殊的部落產業特色，是一個深具休憩旅遊發展潛力的鑽石，部落居民若能凝聚共識，齊心努力共同發展自己家鄉部落特有的產業，並能善用休憩與旅遊資源，結合產業與觀光的力量，必定能帶動部落的經濟發展。

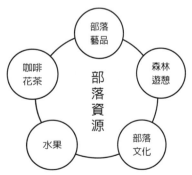

圖 2-14　達觀村各部落資源導覽圖

資料來源：筆者及工作坊研究小組整理。

　　筆者及工作坊研究小組，將達觀村各部落特有的產業列表如下（如表 2-15），並附有各部落店家的商號名稱及聯絡地址，以提供參考。

表 2-16　達觀村各部落特色產業一覽表

部落	產業名稱	電話	地址
竹林部落			
摩天嶺部落			
達觀（香川）部落	比度咖啡屋	04-2591-1610	和平鄉達觀村東崎路一段天嶺巷 1-4 號
	部落共同廚房	04-2591-1550	和平鄉達觀村東崎路一段育英巷 1-17 號
雪山坑部落	桃花舞春風休閒館（建築中）	04-2591-1282	和平鄉達觀村東崎路一段桃山巷 51 號
	部落藝品展示店（建築中）	04-2591-2123	和平鄉達觀村東崎路一段桃山巷 46-1 號

資料來源：筆者及工作坊研究小組整理。

<h2 style="text-align:center">第五節　結語</h2>

　　照理來講，身為達觀村部落的一份子，對生於斯、長於斯的家鄉容易產生莫名的情愫。因此對家鄉的一草一木、一葉一株，自然而然會有一份難以割捨的特殊情感，特別是原住民泰雅爾族之地理環境，自古即擁有美麗的山川、豐富的資源，熱情的族人、不同於其他族群的民俗風情等等，所謂天作之合組織了北勢族群的部落達觀村。

　　但是，筆者觀察到在達觀村各部落的族人，[25]有種莫名失望的氛圍充斥著，似乎唯有默默地承受「資源缺乏、人才短絀及邊陲地方」

---

[25] 漢人不在筆者關注的對象，雖然他們工作場域在部落裡，基本上對於泰雅爾

的窮途末路，認命是現實生活的選擇。對於部落的環境、生態及文化難有感動，部落情感也是可無可有的浪漫而被動的牽連。

在科技爆炸與工商發達的今天，社會生活步調緊湊萬分，它的便捷性導致傳統文化在現今社會中日漸式微，原住民族部落更像是一場浩劫，硬是將撐起太陽半個世紀的獨特而優美的傳統文化置之度外，部落耆老長輩們有千萬個不忍使之棄之不用。但是，部落先人們終其一生所立下的智慧與哲學基礎，有其保存的價值與其必要性，殷鑑於此，本章特別針對台中縣和平鄉達觀村各部落現況做一整體之分析、調查與研究，企盼能藉此使讀者們瞭解達觀村各部落及其族人之過去歷史及其部落內所擁有的「人」、「文」、「產」、「地」、「景」各項資源，將之與現代科技結合，並於「傳統文化」及「現代科技」兩者之間，尋求一個平衡點，同時重新將之組織成一個嶄新的文化，讓我們在享受進步的時候，也同時為我們的後代子孫保留一個整體而完全地人間淨土。

筆者深信每個和平鄉達觀村各部落的族人，都深切期望部落之天空會更加晴空萬里，我們的下一代在這片祖先所留下來的土地上，能夠生活得比上一代更好。本章所做的調查只是一個拋磚引玉的開始，唯有部落族人齊心齊力共同關心部落事，和平鄉達觀村各部落的未來才有發展的可能性，只要有心便永遠不遲，讓我們大家一起來為達觀村各部落規劃更好的發展夢想藍圖。

部落土地及其文化不會認同，無論如何，泰雅爾族部落的土地、文化及傳統領域的所有權決不會也不能落在漢人身上。

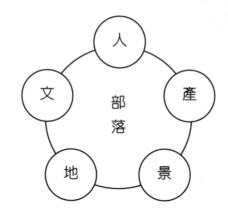

圖 2-15　達觀村各部落規劃夢想圖

※筆者及工作坊研究小組整理

第三章　達觀村各部落人民團體概況

　　台中縣和平鄉達觀村內有四個各具特色的部落,其中包括性質雷同並由政府銜命設立的「社區發展協會」,與九二一大地震之後相繼成立性質各異的「人民團體」。筆者及本教會工作坊研究小組之所以將達觀村內四個部落的組織之發展現況及活動情形列入一個整體的調查,基本的目的乃是為了想更進一步瞭解其在各部落裡,扮演的角色及推展文化活動之概況,並且藉此想瞭解其推展部落文化活動時是否遭遇急需解決的問題,其又如何因應。

　　數個月過去的訪談過程中,我們發現各部落「人民團體」是屬於自主性的基層組織,可由他們平常的活動情況反映出一個部落性的經濟、教育、人文及產業等等之實際情形;而「社區發展協會」其經濟來源、及對政府機構的往來相較於「人民團體」之情況,顯而易見地豐富許多,其組成份子的廣度相對的高出許多,亦是部落極為重要的組織。而「人民團體」卻是部落文化傳承之主要推手,在部落中佔有極為重要的領導地位,不可忽視的一股力量。

◎ 下列各表為筆者及工作坊研究小組經由電話訪談或前往訪問,將各個「社區發展協會」及「人民團體」的活動情形,加以整合所作之調查,若有疏失或遺漏之處,敬請不吝給予指教。

第一節　社區發展協會基本資料

　　一般來講，過去社區發展協會在社區裡的活動情形具有指標性作用，通常代表該社區居民的生活品質及其對社區的認同感以及向心力。但近年來的社會快速走向開放及文化急速的變遷下，各地的民間組織如雨後春筍般地，到處成立性質與目的各異的團體，在人民強烈地要求之下國家社會資源的機制亦被迫重新建立，所謂的公開、公正及公平地釋出原則，也因此落實於資源分配及資源共享的機制裡，在這樣的情況中迫使得傳統之社區發展協會，不再是政府獨厚的民間組織。

　　社區中更有組織健全與年輕化、願意重新看待及參與建構部落文化、觀念不斷創新及更迭地創意文化產業活動等等，均出自新創立的民間組織團體，有一股強大力量正排山倒海地欲取代傳統之社區發展協會。坦誠說，在原住民部落裡的社區發展協會剛成立之初，在所謂「新官上任三把火」的驅使下還有一些動作出來，到後來令人詬病的是其不僅成效不彰，常年也閒置在角落任其荒廢，部落族人較難感受它的存在。另一方面，社區發展協會常久以來，也極少認真思考及參與原住民部落的文化、教育、經濟、生態及產業文化等公共領域，原住民族部落發展對它來講至今依舊是陌生的議題，幾乎毫無置喙之餘地，大都被迫選擇袖手旁觀之途。歸根究底踏察其因，其一，可能包括成立之初的議題推展選項過多的政治色彩，及內部鬥爭時有傳言等，導致其無力推展工作及其無法深入探究部落的文化發展；其二，部落人才的嚴重缺乏，管理與組織、經營與發展等人才就是原住民族部落常期以來的問題。其三，因為前兩項因素的加總，使得它與部落族人造成極大的深溝，與部落族人的距離不斷地漸行漸遠。

　　原住民族人及其部落所熟悉的「社區發展協會」是政黨的附屬單位，根深柢固的一直扮演著政治選舉的工具，近年來在社會開放的潮流中，使其似乎突然失去可依靠的膀臂而無所適從，令人覺得不勝唏噓地暗然退卻，雖還未到拱手讓人的窘境，但也身陷愁雲慘霧及幹部萌生不如歸去的寂寞念頭。觀察和平鄉達觀村裡，四個部落的社區發展協會活動與工作的情形，卻恰恰與一般的社區發展協會情況相反，不曉得是否與其他原住民族部落之社區發展協會的情況雷同，其組織運作及工作業務的推展大都掌握在漢人手中，較明顯的情形是，理事長雖由原住民擔任，及理監事會原住民佔多數，但奇怪的是這個理事長及理監事會卻根本無法自主地掌握運作及工作業務的推展的權利。

一、經費來源

　　部落裡的社區發展協會其主要的經費來源，與其他民間組織團體一樣，必須是仰賴政府相關單位的發放方能運作，不過若在年度中推動活動常遭遇政府放款緩慢時，就必須完全停止一切的運作，在部落裡依賴居民自行募款，來協助活動的進行舉辦實屬困難。

二、面臨之問題

　　在原住民族部落的社區發展協會所遭遇到最大的問題，土地興建活動中心倒不是問題，而是舉辦部落相關活動的經費不足或短絀；其次，是人才缺乏等導致難以推動活動，工作較難有所成。最後是形象的再造問題，這些令人詬病的問題在在都造成原住民族部落及其族人的困擾，值得政府有關單位全力關注，及儘早尋求協助解決之道，使原住民族部落及其族人存有些許的契機期待，相信社區發展協會總有一天會對部落有益處。

社區組織是否能夠繼續延續下去，在地居民的參與程度通常是關鍵，在社區的發展史上，看到有許多社區位處較偏遠或邊陲地帶，年輕人幾乎離鄉背井到都會區工作，留下的就是年老者與幼小的孩童，在電話訪談中，發現大都理事長均表示，正因為在部落中有上述問題，因此活動或相關工作辦不起來之困擾，在擔任理事長期間感到莫大的無力感。由此觀之，社區活動的推展真的需要有心的在地人共襄盛舉，可能唯有這樣才能為生於斯、長於斯的部落家鄉，及為族群的下一代爭取或立下更好的成長環境。

表 3-1　達觀村各部落已立案社區發展協會名冊

部落名稱	團體名稱	所在地址	發展現況及活動
竹林部落	台中縣和平鄉竹林社區發展協會	和平鄉達觀村東崎路一段竹林巷 87 號	1. 成立於 85 年 5 月
摩天嶺			
達觀（香川）部落	台中縣和平鄉達觀社區發展協會	和平鄉達觀村東崎路一段 50 號	1. 成立於 88 年 3 月 2. 原民會「部落新風貌」活動
雪山坑部落	台中縣和平鄉桃山社區發展協會	和平鄉達觀村東崎路一段桃山巷 73-6 號	1. 成立於 88 年 4 月 2. 傳統古道整建

資料來源：筆者及工作坊研究小組整理。

◎ 上表為台中縣和平鄉達觀村各部落，已立案之社區發展協會電話或親訪之記錄，提供民眾做為參考。

第二節　部落自主性團體或民間團體基本資料

社會快速走向開放及文化急速的變遷下，肇始此等思想開放，百家爭鳴的進入戰國時代裡，台中縣和平鄉達觀村各部落內各種性質不同之團體亦姑且一試地蓬勃發展，為了部落的資源與服務，均各憑本事努力提出各式計畫，來爭取及厚植更多的資源。雖然這些團體性質各異，服務方向也略為不同，但最後還是殊途同歸目的是一樣的，我們看到他們亦逐漸地在部落中，不知不覺的開始與部落族人產生互動與對話。另一方面，筆者也針對其經費來源及所面對的問題做一次的整理，期願這些部落自主性之團體及部落本身都能有一個借鏡，使之積極反省與付出實際作為。

一、經費來源

就行政與管理上，主要是由會員及贊助會員之會費為主，再者為民間募款或舉辦活動為主。

二、面臨之問題

和平鄉達觀村各部落裡之自主性團體，與其他的人民團體一樣，乃是由理念及志趣相投的人所組成，比起社區發展協會較不會產生太多的嫌隙或反彈。這些自主性的團體雖然性質不同，支持其生存下去的動力，非常簡單就是懷抱著高度服務的熱忱。至於入會的每個會員能否在有計畫的活動安排中，共同成長也是比較現實的問題。

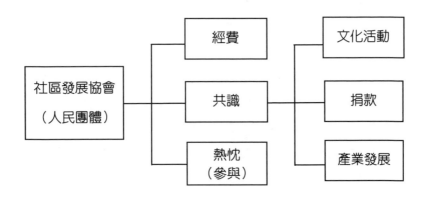

表 3-2　達觀村各部落自主性團體名冊

部落名稱	團體名稱	所在地址	發展現況及活動
竹林部落			
摩天嶺部落			
達觀（香川）部落	台中縣和平鄉原住民香川農業休閒觀光促進會	和平鄉達觀村東崎路一段香川 1-9 號	1. 成立 95.4 月 2. 95-96 年勞委會多元就業工作
	社團法人中華至善社會服務協會大安溪部落工作站	和平鄉達觀村東崎路一段育英巷 1-17 號	1. 成立 1999.9 月 2. 老人居家送餐服務 3. 部落學子獎學金 4. 部落餐廳 5. 多元就業工作（編織）
雪山坑部落	台灣基督長老教會泰雅爾中會雪山教會部落發展工作坊	和平鄉達觀村東崎路一段桃山巷 30 號	1. 成立 2007.3 月 2. 「漂亮 Tayal－部落環境整潔」活動（1 天半） 3. 達觀村文化資源及觀光產業調查研究

資料來源：本教會「部落發展工作坊」整理。

第三節　結語

筆者針對台中縣和平鄉達觀村各部落內之社區發展協會與部落自主性組織團體，經過調查、訪談、瞭解及分析，分列以下幾點做為建議提供參考：

一、社區發展協會

除了應該維持現有的基礎外，理應趕緊致力於組織再造工作，使其在最短期限內脫胎換骨，以最新面貌重返建構部落行列，讓人耳目一新感到有一股衝勁與企圖，準備要為部落及其族人服務。

二、部落自主性團體

除了努力爭取及厚植更多的資源辦理部落文化相關產業外，應該投注較多心力讓會員有機會學習新知機會，藉此使其不斷成長茁壯。更要維持過去一貫地熱忱，服務部落與族人並且應持著推己及人無私胸襟，期使社團優良文化深植民心，達到便民與利民之最大效果。

三、政府部門

從中央到地方政府應該更有最大寬容與主動增加撥發款項及其放款速度，以展現極大誠意協助原住民族部落之民間組織，推行各部落文化建設及產業發展，讓民間組織舉辦活動時，期能更有空間主動配合居民需求與推展在地部落多元之文化特色的活動。

第四章　部落發展過程中的議題思辯

第一節　確認土地與自然資源

　　一九九六年十月十三至十八日由民進黨中央黨部國際事務部、社會發展部、台北市政府原住民事務委員會、山海雜誌社及台灣省原住民行政局共同主辦「台灣第一屆國際原住民法律研討會議」，該會議〈源起〉，如此陳述：

　　台灣原住民族是台灣這塊土地上的主人，擁有對這片土地的自然主權。自從外來政權侵入台灣之後，除了極少數地方曾經由夕法契約的方式，將土地轉移給外來民族之外，絕大多數的台灣土地，皆由擁有優勢政經力量，尤其是武力強大的外來「國家」所侵佔。這些「國家」包括白人、日本人和漢人所建立者，並沒有和原住民經過「和平談判」，更沒有簽訂任何契約，就把原住民所賴以為生的土地納入國家「版圖」，就好像這塊土地是無主島嶼。外來的闖入者毫無道德自省地、以武力或詐騙，把原住民的土地佔為「國有」，種種巧取豪奪的手段，一步一步蠶食鯨吞原住民的土地，原住民在節節敗退的情況下，終於淪為只困守山林的「高山族」，土地的喪失改變了整個原住民的命運。[1]「果真如此，在外來的『政府』、『國家』不斷侵台之後，

---

[1] 民進黨中央黨部國際事務部、社會發展部、台北市政府原住民事務委員會、山海雜誌社及台灣省原住民行政局共同主辦「台灣第一屆國際原住民法律研討會議」會議源起，1996 年 10 月 13～18 日。

我們台灣原住民族祖傳的土地及自然資源亦不斷縮減、原本綠色的部落生活亦被污染的毫無生趣、生活的空間更因此被排擠到邊陲，我們被迫的踩著所剩無幾的土地生活卻感呼吸困難。時過境遷地朝野更替，我們跌跌撞撞的走在歷史的經緯上繼續奮力往前走，我們依然是外來（漢人）『政府』、『國家』欺壓與掠食的對象。到今天為止，我們台灣原住民族及其部落還是一個妾身未明的民族，在他們看來依舊是蠻荒之地的民族、是生活條件不好、以及教育水平不足與沒有知識的化外之民。因此，沒有條件或資格與這個外來（漢人）『政府』、『國家』談判？我們可以從國際法的觀點及其慣例層面，來檢視近百年侵佔台灣（原住民的傳統領域）的這個外來（漢人）『政府』、『國家』政權，長期以來在他們自己強行訂定的法律，一直不斷、不停地與原住民發生衝突。」

　　由聯合國防止岐視與保護少數人小組委員會資助，並由艾瑞卡艾琳・達斯所領導的一個工作小組，曾經對這些課題加以研究。該小組於一九九三年提出名為「保護原住民文化與智慧財產之研究」報告，其中指出：過去和現在，普遍而且不公平地剝奪了原住民享有其可見或不可見之文化遺產之權利。該小組委員會的要求，工作小組主席在她的研究報告之外，並草擬一份有關原住民文化遺產原則之聲明，供該小組之上級機關加以考量。這些原則的基礎在於已獲各國通過之各種國際法律文件中，所反映出的一致同意上；包括一九九二年聯合國環境與發展會議通過之各個決議。有關環境與發展的里約宣言承認：「因為他們的知識與傳統實踐」，原住民在持續發展中可能扮演「極為重要的」角色。另外，會中所通過名為「第二十一號議案」之決議，要求各國「與原住民及其社區全面合作」，以採行或強化適當之政策與法律機制，俾使原住民有權享有並控制構成其文化遺產之知識、資源與實踐。因此，國際實踐顯示：對於文化之積極保護責任，等同於

美洲人權委員會與聯合國人權委員會對於文化完整規範所做之廣義
詮釋。在各國政府對國際人權機構所提出之報告中，它們提出了種種
有關於原住民之國內措施，包括憲法與立法改革，而這些措施的普遍
特徵在於：企圖保障原住民的文化完整與生活方式。[2]上述這些改革，
其範圍與內容或有不同，惟其之所以不同，多少係由於各相關原住民
族群之處境與特徵有所不同。例如：美國之原住民已發展出與世界經
濟有某種程度的聯繫，自然與巴西雨林與世隔絕的部落之需求有所不
同。各國政府代表都明白：各原住民族群所需之保護其原住民權利之
措施各有不同。不過這種分歧並不妨礙文化完整規範之效力，只要能
從中體認到：在不同的情形下，需要有不同的做法。在任何情形下，
運作的前提都是：透過依據相關原住民族群之需求所衍生之機制，以
確保原住民文化的存續和昌盛。在前述案例中，美洲人權委員會與聯
合國人權委員會都明白確認了土地與資源對於原住民文化之存續的
重要性，同時也暗示了它們對於原住民自決的重要性。此一認知是當
代有關原住民之國際關切者所廣為接受之信念。它是來自原住民土地
之管理者的概念，與其對地球及其物產的一種深刻的、精神上與心靈
上的聯繫。並且原住民莫不尋求確保土地與自然資源之基礎，以保障
其社區經濟上的存活與發展。[3]

　　在現行國際法中，例如國際勞工組織第一百六十九號公約，文化
完整與自決等現行概念，加上所有權之概念，共同形成了獨特的原住
民之土地與資源權利。該公約第十三條第一項是為土地權之規定：

---

[2]　詹姆士・安那亞（S.James Anaya）著，民主進步黨中央黨部國際事務部翻譯
　　《Indigenous People in International Law 國際法中之原住民族──第二、四、
　　五章》，P.12～13。

[3]　詹姆士・安那亞（S.James Anaya）著，民主進步黨中央黨部國際事務部翻譯
　　《Indigenous People in International Law 國際法中之原住民族──第二、四、
　　五章》，P.11～17。

於適用本公約此一部份之規定時，各國政府應尊重相關原住民族與其占有或以其他方式利用之土地或領域之關係中，尤其是這種關係的集體面，有關文化與精神價值之特殊重要性。

該公約所指之原住民領域概念，可認為包括：「相關民族占有或以其他方式利用之區域的一切環境。」[4]原住民之土地與資源（或領域）權具有一種廣泛的性質，包含了：擁有、使用與管理權。第一百六十九號公約第十四條第一項規定：

原住民對其傳統占有的土地之所有權與擁有狀態應予承認，並且，在適當之情形下，對於有關民族在其並不全般擁有，但向來得以進入之土地上，賴以維生或從事傳統活動之權利，應予設法協助。

並且，該公約第五十條規定各國應保障原住民對其領域中自然資源之權利，包括他們「參與使用、管理與保存」這些資源之權利。該公約並未就一國保留一切礦藏或地下資源之所有權之情形，對原住民之權利加以規範。不過，依據禁止歧視規範，如果土地所有人可依其他方式取得地下資源或礦藏之權利，原住民也應一體適用。在任何情形下，公約均要求原住民得參與其土地上之資源探勘與開採，並得從中得利。[5]

該公約並規定：「不得自其占有之土地上，遷移原住民」，除非是在事先規定之情況下，並且是一種必須之「特殊措施」，方可為之。

---

[4] 詹姆士‧安那亞（S.James Anaya）著，民主進步黨中央黨部國際事務部翻譯《Indigenous People in International Law 國際法中之原住民族——第二、四、五章》，P.15。

[5] 詹姆士‧安那亞（S.James Anaya）著，民主進步黨中央黨部國際事務部翻譯《Indigenous People in International Law 國際法中之原住民族——第二、四、五章》，P.15。

當遷移之理由不存在時，原住民「應有權返回其傳統地區」；若不可能返回該地區，「應盡一切可能，提供他們土地，而該土地在品質與法律性質上，至少應等於其原先所占有之土地」。該公約並承認原住民持有土地之體系，這些體系往往都是長期習慣所造成的，除規範社區成員於共同擁有土地之相互利益外，並與國家及其他之共同擁有土地有著相同之特徵。

第一百六十九號公約確認了美洲人權委員會與聯合國人權委員會所主張：原住民族群有權依其傳統之利用或占有之方式，與土地和資源建立起一種持續性關係。該公約第十四條第一項所謂「傳統地占有」，其動詞之所以不用過去式，顯示此一占有狀態必需與現在相連，方能取得所有權。不過，第十三條要求尊重與土地有關之文化價值，所以透過與土地之持續文化連繫，仍然可能與失地建立一充分之現在連繫，尤其是如果該地喪失未久的情形下。

另外，與此相關的還有該公約第十四條第三項，該條項規定：「國家法律體系內，應有適當程序處理原住民之土地權利主張。」此一規定並無任何時間限制，所以源自過去之土地主張均得以請求。該條項是對於歷史過程的一種回應，此一過程使原住民困難已久，它踐踏他們與祖傳土地之文化連繫，漠視他們的合法財產權益，甚至剝奪他們生存的方式。在已獲得確認原住民文化與經濟上之土地與資源之集中化一事上，若想要對原住民之土地權利提供適當的補償，則國家有義務負責損害賠償，包括提供原住民重獲土地或取得自然資源之選擇權。而第一百六十九號公約之核心部份，亦即土地權之規定，是源自國際學說與實踐之聯繫。[6]

6　詹姆士・安那亞（S.James Anaya）著，民主進步黨中央黨部國際事務部翻譯《Indigenous People in International Law 國際法中之原住民族──第二、四、五章》，P.16。

　　筆者以「Smangus（司馬庫斯）櫸木事件」為例，讓我們共同思考，此事件與司馬庫斯部落的關係為何？此事件與全體泰雅爾族及其部落的發展為何？此事件又為全體台灣原住民族帶來什麼衝擊？以下為該事件的瞭解：

　　Smangus（司馬庫斯）部落於前年（二〇〇五年十月十四日）早上八點，依往常慣例的共同生活（Tnunan）之事工分配，即為進行部落會議，並分配當日的工作。其中三位青年被分配負責處理一個月前強颱所破壞坍方的唯一聯外道路與被風吹倒的（Tgbil）櫸木。

　　下午在回程路上，碰到了橫山分局局長，在交談後，便離去。又於二號橋，黃少華警員盤問「風倒木」搬動事宜，部落三位向黃警員說明：「這是在我們 Smangus 及整個 Mrqwang 的傳統領域，我們部落的人派我們來載，要載回部落美化雕刻的」，黃警員執意要部落的人下車進行盤檢。而在搬運之前，林務局新竹管理處已派人先行將完整樹身的部份載成數段並運下山自己處理，只留下樹根在現場。

　　二〇〇六年九月前，整個事件在「新竹地方法院簡易庭」進行前後共計四次審理調查偵辦後，檢察官判決為「認定部落三位居民是盜採國有森林產物，宣判罪證確立，要族人認罪即可結束這整個事件，並科罰金 10,000 元」，法院作這樣的判決，我們部落族人非常失望，整個幾乎完全剝奪了原住民族之基本權利和霸佔了祖先所留下來的生活法則（GAGA NA TAYAL），當然本部落族人堅決否認這「判罪之確立」，並要求上訴，進

行「無罪抗辯」，否則「原住民族權利基本法」之存在有何意義？[7]

在台灣原住民族的歷史中，又一椿在自己祖傳的土地上遭受被踐躪的事。此事件再度暴露出所謂「國家法律與原住民族傳統慣習」的嚴重衝突。林務局（原告單位）認定司馬庫斯部落的三個人違反森林法第五十二條第四款之法則，「森林法第五十二條（加重竊取森林主、副產物罪）：竊取森林主、副產物而有左列情形之一者，處以六個月以上五年以下有期徒刑，併科贓額二倍以上五倍以下罰金；四、結夥二人以上或僱使他人犯之者。」遭到告發，經新竹地方法院地檢署調查，提出公訴。但是，依據原住民基本法第十九條：「原住民得在原住民族地區從事採集下列行為，獵捕野生動物、採集野生植物及菌類、採集礦物、土石以及利用水資源」。我們要瞭解，被派去的三個人是依循泰雅爾族的精神，在對傳統領域內森林產物的使用上是有其正當性的，部落三位居民是經部落會議決議（經由集體討論、形成集體意願），賦予執行搬運「風倒木」的工作，在泰雅爾族的 GAGA 裡，在上帝、在祖靈及族人的觀點裡，我們理直氣壯勇敢地向中華民國舊的法律制度說：「我們沒有犯罪，搬運櫸木的行為是部落集體的意思，不是三個人的行為，我們遵從 Ga Ga na Tayal 面對這樣的事情。」而不懂泰雅爾族文化的中華民國法律制度及執行者，以刑事案件來處理，強加「竊盜罪」在我們身上，令人無法接受。[8]這就是在現行國際法中強調地，如國際勞工組織第一百六十九號公約第十四條第一項規定：

---

[7]　摘錄自 Smangus（司馬庫斯）部落台灣基督長老教會泰雅爾中會司馬庫斯教會駐堂牧師 Yabu Syat（李福全）牧師傳給教會及社會各界的信。

[8]　摘錄自新竹聖經學院講師拔尚對「司馬庫斯事件」的修正文事件原委，P.1。

「原住民對其傳統占有的土地之所有權與擁有狀態應予承
認，並且，在適當之情形下，對於有關民族在其並不全般擁有，
但向來得以進入之土地上，賴以維生或從事傳統活動之權利，
應予設法協助。」重要的是第一百六十九號公約，文化完整與
自決等現行概念，加上所有權之概念，共同形成了獨特的原住
民之土地與資源權利。另一方面，該公約第十三條第一項是為
土地權之規定：「於適用本公約此一部份之規定時，各國政府
應尊重相關原住民族與其占有或以其他方式利用之土地或領
域之關係中，尤其是這種關係的集體面，有關文化與精神價值
之特殊重要性。」

同時地，我們一定要瞭解，該公約所指之原住民領域概念，可認
為包括：「相關民族占有或以其他方式利用之區域的一切環境。」原
住民之土地與資源（或領域）權具有一種廣泛的性質，包含了：擁有、
使用與管理權。讓我們更進一步地探悉有關現行國際法在各國司法程
序的一些規範與判例，或許可以幫助我們更了解「司馬庫斯事件」，
及幫助我們在國際社會應有的權利。

哈佛大學法學博士詹姆士‧安那亞（S. James Anaya）現為美國
愛荷華州立大學教授，專攻國際法、人權及原住民權利。在他談到《國
際法中之原住民族──第五章談判及國家行動》的「司法程序」部份
時，說：「現代國家的司法部門，即使不是最重要，在法規的應用和
發展上，扮演重要的角色，擔負公平執法的責任。與政府的其他部分
比較，也比較不受權力政治或經濟利益的影響。司法部門也是履行有
關原住民族國際規範的另一個管道。在正常的管轄權和立法裁決權的
限制下，在訴訟法庭中，反映或者有效履行國際規範的國內憲法或法
令規定，可以被引用。此外，一些國家的國內法庭，依照裁決的規則，

可以直接應用國際的習慣規範，或者應用依照相干的憲法程序所批准的條約條文。至少，國內法庭通常也能夠引用國際規範去導引國內法規的司法解釋，如此也間接履行了國際規範。」[9]他又說：「在早期美國最高法院有關印地安人地位的案件中，國際法也是一個因素。特別是 Worcester 訴 Georgia 的案件，最高法院的判決可稱為透過國內司法程序履行國際法的案例。在一八三二年對 Worcester 案的判決中，法院引用當時國際法學說，裁定 Cherokee 族人具有『原始自然權』，Cherokee 族人的法律地位是在美利堅合眾國保護下的政治族群，類似於歐洲的『部落或隸屬國』，因此，Georgia 洲的刑事司法權就不能擴及至 Cherokee 的領地。有了 Worcester 這一案例在前，最高法院在數十年的 The Paquete Habana 案強調：『國際法是我們法律的一部份。只要是有關於國際法的權利問題提交裁決，各級法院必須遵照國際法執行。』自從 Worcester 案判決後，國際法中對原住民族方面的發展，已經有了重要的演變。在此演變中，國際法一直被美國的法院及其他國家的法院所採用。這些國家的憲法架構都自動把約束性條約或習慣法自動納入其國內法中。」[10]

　　另一方面，詹姆士教授也談到有關「行政部門的行動」時說：為了保障原住民的權利，政府的責任並不只是限於去通過或履行因人民關懷而作的措施而已。在執行各式各樣的行政功能時，行政部門必須作廣泛的考量。行政部門對於土地和自然資源的考量，對於原住民族有很大的影響，因為在許多情況下，原住民族在國家所控制土地和資源上有所主張，或賴以為生。行政部門有義務去運用考量的權力，以

---

[9]　詹姆士・安那亞（S.James Anaya）著，民主進步黨中央黨部國際事務部翻譯《Indigenous People in International Law 國際法中之原住民族——第五章》，P.6。

[10]　詹姆士・安那亞（S. James Anaya）著，民主進步黨中央黨部國際事務部翻譯《Indigenous People in International Law 國際法中之原住民族——第五章》，P.6〜7。

符合於適當的國際規範，以免國家在國際社會上被視為違法者。[11]在這一講稿著作中，詹姆士教授他也讓我們去瞭解美國國家及政府，對原住民族的基本態度，他說：美國總統柯林頓在白宮對一群印地安的領導者宣稱：「這是我們的第一原則：尊重你們的價值觀，你們的宗教，你們的認同以及你們的主權。這就形成我們之間關係的第二原則：我們必須大幅改進聯邦政府和諧部落之間的關係，使聯邦政府和諧部落民族成為伙伴。我不允許在使我們的各族人民間成為更強的伙伴關係的承諾上，犯任何錯誤。因此，等一下，我就要簽署一項歷史性的政府命令，要求政府的各行政部會採取兩個簡單的步驟：第一，除去與部落政府間直接工作所遇的各種阻礙；第二，各行政部會在採取涉及原住民族託管資源的行動時，必須事先與原住民族政府磋商才作決定。」[12]

由此觀之，整個「司馬庫斯事件」之發展情況，讓我們再一次親眼目睹，這一個侵佔台灣的外來「政府」、「國家」的蠻橫及無理，它從中國大陸帶來的「司法權」及「行政權」，根本就是挾帶中原思想強灌於台灣人民的意識裡，它一直以為台灣原住民族也是中國（漢族）人；其根本就是長期刻意漠視、枉顧及欺壓台灣原住民族之生存權，它沒有感覺身邊還有其他的民族，以為全台灣的人都適用這一個「司法權」及「行政權」。

觀察上述有關國際法的概念及其法則，這一個外來「政府」、「國家」所堅持地「司法權」及「行政權」，執行在台灣原住民族及其部落是非常的荒謬與不恰當地，它們從中國逃難來到台灣，時間遠比原住民族晚，怎麼一踏上台灣的土地，就急速宣佈它就是「主人」，根

---

[11] 詹姆士‧安那亞（S. James Anaya）著，民主進步黨中央黨部國際事務部翻譯《Indigenous People in International Law 國際法中之原住民族——第五章》，P.4。
[12] 詹姆士‧安那亞（S. James Anaya）著，民主進步黨中央黨部國際事務部翻譯《Indigenous People in International Law 國際法中之原住民族——第五章》，P.5。

本不提台灣原住民族住在台灣的事實，置原住民族於何地？土地被擄掠、人權被姦殺的台灣原住民族，只有默默地承受這一個不公義之社會與不道德的人嗎？常言道：「法律是維護人權的最後一道防線」，而這一個代表國家執行公義的裁判，竟然無法保障原住民族的基本權利，甚至將國會立法通過、總統頒佈的相關法律將之拋出雲外，更無法與國際法接軌，根本無視於國際社會的批評。相關國際法的規定，如司法部門的裁判權限或其立即可做的「司法部門也是履行有關原住民族國際規範的另一個管道。在正常的管轄權和立法裁決權的限制下，在訴訟法庭中，反映或者有效履行國際規範的國內憲法或法令規定，可以被引用」、「國內法庭通常也能夠引用國際規範去導引國內法規的司法解釋，如此也間接履行了國際規範」、「一八三二年對 Worcester 案的判決中，法院引用當時國際法學說，裁定 Cherokee 族人具有『原始自然權』，Cherokee 族人的法律地位是在美利堅合眾國保護下的政治族群，類似於歐洲的『部落或隸屬國』，因此，Georgia 洲的刑事司法權就不能擴及至 Cherokee 的領地」、「國際法是我們法律的一部份。只要是有關於國際法的權利問題提交裁決，各級法院必須遵照國際法執行」等。

　　其次，如行政部門的管轄權限或其立即可做的「為了保障原住民的權利，政府的責任並不只是限於去通過或履行因人民關懷而作的措施而已。在執行各式各樣的行政功能時，行政部門必須作廣泛的考量」、「行政部門對於土地和自然資源的考量，對於原住民族有很大的影響，因為在許多情況下，原住民族在國家所控制土地和資源上有所主張，或賴以為生」、「行政部門有義務去運用考量的權力，以符合於適當的國際規範，以免國家在國際社會上被視為違法者」等。

　　第三，國際性的人權觀念及其指標亦是重要的參考價值，我們必須瞭解，當代世界原住民人權指標的建構，基本上須從下列兩個範疇

中加以論述，一則為「世界性的整體原住民人權指標」，二則為「個案性的原住民人權指標」。所謂「世界性的整體原住民人權指標」，係指二次大戰後，經由國際人權運動、世界原住民運動中，藉各種宣言、公約中所揭示的各種人權指標。而「個案性的原住民人權指標」，係指有原住民分佈的國家中，政府對原住民政策中所展現出的人權效應，及其指標性內容和意義。在「經濟人權指標方面」的『世界性的整體原住民經濟人權指標』其內涵包括：自然資源權（right of natural resource）、基本土地權（basicright of lands）、土地歸還權（right of returning lands）、土地管理權（right of adminis-trating lands）、土地開發權（right of developing lands）、及土地轉讓權（right of trans-ferring lands）……等等；除了「土地歸還權」於本章第三節另有說明外，其他與本節相關的權利，逐一詳細摘錄下來，以供我們有更多的瞭解，並期能全力維護整體族人及部落與生俱來的權利。以下為各項權力的瞭解：

一、自然資源權[13]

1. 原住民對於其祖傳歷史領域享有長久掌控的權利。此包括空域、地上與地下權、內陸及沿海、冰原可再生或不可再生之資源及其經濟開發等。（聯合國原住民工作小組 1985）《原住民族權利宣言》第四條。

2. 在未經原住民的許可與自然意志的決定下，任何直接或間接侵犯其領域中的土地；水域、空域、海洋、冰原、野生動物資源以及各種文化與自然資源的行都應予以禁止。（世界原住民會議 1984）《原住民族權利宣言》第十二條。

---

[13] 行政院原住民族委員會編印，《台灣原住民人權指標與外國比較研究》，P.178～179。

3. 原住民有權維護和加強其歷來擁有，或以其他方式佔有或使用的土地、領域、水域、近海和其他資源之間特有的精神和物質關係，並在此方面對其後裔負起責任。(聯合國原住民工作小組 1994)《聯合國原住民族權利宣言草案》第二條。

4. 原住民有權擁有、發展、控制和使用土地和領土，包括其歷來所擁有或以其他方式佔有或使用的土地、空域、水域、沿海、其他海域、動植物群和其他資源所構成的整體環境。這其中議包涵有權讓其傳統習俗、法律、土地所有權制度以及開發資源和管理體制得到完全的認知，並有權要求政府採取有效措施，以防止任何對這些權利的干涉、侵犯或剝奪。(聯合國原住民工作小組 1994)《聯合國原住民族權利宣言草案》第二條。

5. 原住民土地內的礦產所有權或其他地下資源，政府必須建立讓原住民適當的參與機制，並在決定任何資源利用計劃之前，取得與原住民協商的過程，並在國家法律內規範相關損害賠償的內容。(美州國家人權委員會 1995)《美洲國家原住民族權利宣言草案》第八條。

二、基本土地權[14]

1. (a) 原住民有權合法地承認在不同的特殊形式下，來管理和擁有土地所有權。

   (b) 原住民享有財產所有權，該權利並且保存在歷史上曾被佔領的土地及其他的領域之中，這是因為其均為原住民傳統與生活上所確實存在的。(美州國家人權委員會 1995)《美洲國家原住民族權利宣言草案》第八條。

---

[14] 行政院原住民族委員會編印，《台灣原住民人權指標與外國比較研究》，P.180。

2. 原住民對於土地的擁有與使用，具有優先權與不可讓渡的權利，且經由原住民的自主意願，一切合約與協議才具有實質的意義。（聯合國原住民工作小組 1995）《原住民族權利宣言》第五條。

三、土地管理權[15]

1. 原住民有權保持、恢復和保護其整體環境及其土地和領域的生產能力，有權得到國家和通過國際合作為此提供的援助。在原住民的土地和領土上不得進行軍事活動，但有關人們自主的協商部份則排除外。

2. 國家應採取有效措施，確保不在原住民的土地和領域存放或傾倒有害物質。國家應採取因應作業，依據需要，讓受到此類有害物質影響的原住民，保證獲得執行測試、維護和恢復健康的相關方案能得到落實。（聯合國原住民工作小組 1994）《聯合國原住民族權利宣言草案》第二條。

四、土地開發權[16]

原住民有權確定和制訂開發或使用土地、領域和其他資源的優先次序與策略，包括有權要求政府在批准任何影響其土地、領域和其他資源－特別是有關開發、利用或開採礦務、水域或其他資源的任何項目之前，須先徵得原住民自主的同意。依據與有關原住民的協定，應為任何這類活動和措施提供公正和公平的賠償，以便減少不利的環

---

[15] 行政院原住民族委員會編印，《台灣原住民人權指標與外國比較研究》，P.180～181。

[16] 行政院原住民族委員會編印，《台灣原住民人權指標與外國比較研究》，P.181。

境、經濟、社會和文化或精神影響。（聯合國原住民工作小組 1994）
《聯合國原住民族權利宣言草案》第三十條。

五、土地轉讓權[17]

1. 對於有關民族為其成員內部轉讓土地所有權而確立的程序應予以
尊重。

2. 當考慮有關民族向非該民族成員轉讓土地或其對土地所有權擁有
的權利之權限問題時，應同這些民族進行磋商。

3. 應禁止不屬於這些民族的個人利用這些民族的習慣或其成員對法
律缺乏了解來獲得屬於其土地的所有權、占有或使用。（國際勞工
組織 ILO 1989）《第 169 號公約：有關獨立國家原住民與部落》第
十七條。

　　顯而易見地，無論是「司法部門的裁決權」或「行政部門的管
轄權」等，竟然都沒有一項將國際法及其概念將之考慮進去，若用
國際社會所期待的人權需求標準衡量，這一個侵佔台灣的外來「政
府」、「國家」的人權指標根本是不及格的，相關官員亦是嚴重失職
的，更在 GaGa na Tayal 裡其做出之判決實在難以服眾。難怪司馬庫
斯的三位族人在他們答辯時這樣的控訴：「在原告所提出的書狀裡，
絕大部份是他們自行所建構的一套假的事實，根本上是一個不對等
立場上用法律途徑來欺壓原住民固有的權利（在社群、部落傳統領
域利用森林資源產物的集體權利及其使用範疇）；再者中華民國在二
○○五年一月正式頒佈『原住民族基本法』，裡面的法律條文皆清楚
說明了原住民族在其傳統領域內的權利，原告（行政部門的管轄權）

---

[17]　行政院原住民族委員會編印，《台灣原住民人權指標與外國比較研究》，P.181。

與審判長（司法部門的裁決權）似乎把基本法置之度外」，[18]實在令人遺憾。

　　在一份委託中國人權協會執行的「台灣原住民人權訪查研究」報告裡，也同樣指出原住民社會人權之研究結果與發現，一、總的來說，原住民對於政府保障其社會人權的各項政策，仍不甚滿意。……至於對於原住民社會權保障的特殊問題，例如，搬遷補償問題、環境自主權的問題皆感到相當地不滿意。所以可以說，目前我國所實施的保障原住民社會人權的相關政策，實際和一般社會福利服務並無二致，仍無法真正滿足原住民的特殊社會需求……。二、原住民對於政府在處理設立國家公園及搬遷補償等相關問題上，均表達出一致不滿意的態度。這明確地指出，目前政府的國家公園政策，與原住民的土地自然資源權利是相衝突的，同時也不符合《一九八九年原住民和部落民族公約》[19]第十三條至第十九條保障原住民土地權的條款：對有關原住民族傳統占有的土地所有權與擁有權應予以承認；對於有關原住民族對其土地的自然資源的權利給予特殊保護，這些權利包括參與使用、管理和保護這些資源的權利；……遷離作為一項非常措施被認為是必要的情況下，只有在他們自主並明確地表示同意後，才能要求他們遷離；……因遷離所受到的任何損失和傷害，均應獲得充分的補償。據此，政府實需儘快為國家公園政策與原住民土地權、環境權的衝突問題，覓得合理的解決方式。[20]

　　一般而言，國家有責任保障人民享有人權；當人權被侵害時，國家也有責任提供補救的方法，這是國際人權法所不可缺少的主要部份。在國際法中，有關於不法的行動與疏失方面，國家需付起相當大

---

[18] 摘錄自新竹聖經學院講師拔尚對「司馬庫斯事件」的修正文事件原委，P.2。
[19] 〈原住民和部落民族的公約〉，《原住民聯合國工作資源手冊》，P.214～230。
[20] 中國人權協會編，《原住民人權訪查研究》，P.114～116。

的責任。在人權條約及一般人權法律中，即使沒有明言，國家的責任是明確的。聯合國原住民族權利宣言宣稱：「為了解決原住民族與國家的衝突和爭端，以及原住民族個人或原住民族集體的權益受侵犯時所必須作之有效補救辦法，透過可以相互接受而公平的程序，原住民族有參與及促成決定的權利。」保障人權的責任，在原住民族的脈絡中更為突顯，這是不分國界，整個國際社會都有這個責任。過去數十年來，國際愈來愈關心原住民的特殊問題，並且尋求共同合作，以保障原住民族的權利與福祉。聯合國、美州國家組織、國際勞工組織以及其他國際機構，也都注意到，在國家及全球性的位階上，有為原住民族設立特別計劃的需要。聯合國秘書長蓋里在世界原住民族年開幕式中，對聯合國大會強調：「聯合國體制對原住民族運動的承諾是長期的。此一承諾早於聯合國誕生之前。」聯合國憲章對非自治領土上的人民表達「神聖的信賴」，原住民族的權益也就成為國際社會所特別關懷的項目。[21]詹姆士教授再闡述，以當代的國際規範，原住民族有資格獲得補救性或積極性的措施。這些措施可能涉及祖先土地主張、社會福利計劃、以及為了保障文化的完整與自治所需的政府機關調整。這種措施也就是聯合國原住民族人口工作小組主席 Erica-Irene Daes 所稱的補足性國家建構。為了符合自決的準則，補足性國家建構措施，應該符合涉及的原住民族群的期望。[22]

　　我們以為，台灣原住民族部落面對今天全球化過程使然，硬是讓部落跟著時代趨勢走向產業發展之途。我們發現，在這樣的發展過程中族人及其部落其實還沒有作好準備，就被迫必須搭上這一波所謂的「部落發展」，如人才、經費、環境及產業等，都未經思考與學習就立即端出部落發展的「菜餚」，使得族人之味口不合導致拉肚子或腹

---

[21] 詹姆士・安那亞（S. James Anaya）著，同上，P.1。
[22] 詹姆士・安那亞（S. James Anaya）著，同上，P.1。

痛現象在各部落不斷地產生。其次，部落及其族人正努力推動產業發展的同時，不停在各部落發生與政府相關機關、相關法律與制度衝突，那是因為原住民族祖傳的土地及生活領域突然不能使用，以及傳統領域被國有化的過程，國家政府根本未經與原住民族談判，完全以武力壓制取得。所以在這樣的情形之下，部落發展處處受限於所謂「國家法律」、「國家制度」的規範。

　　原住民族部落發展無法逃避的課題，當務之急便是需要確認固有土地及自然資源，這就是我們所主張的傳統領域，傳統領域的被確認就可以免去衝突的現象發生，而這個「確認」與「主張」不是國家政府的認知、或是國家法律訂定之認知規範；而是依據我們原住民族部落集體參與的認知，如泰雅爾族部落集體遵循的倫理規範（GaGa na Tayal），當國家政府與部落族人正疑惑，正面對風雨欲來再次衝突時，誰來「確認」及誰來「詮釋」就變得格外重要，我們以為繪製部落地圖，可以協助原住民及政府建構溝通的管道。靜宜大學生態學研究所林益仁教授在他的著作「部落地圖的社會意涵」中，談到並引用Fox et al 之觀點，認為部落地圖強調：它是在政府所釐定的官方制式地圖之外的一種選項。它的主要精神在於透過部落每一份子的參與，使得部落整體的利益以及文化得以體現的社會過程。因此，整個操作的過程便著重於促進部落能夠自主性地去畫出他們的生活空間，重新發現傳統的自然資源、土地的利用方式以及生態智慧，進而在這些過去未被國家所確認與重視的空間利用上發出自己的聲音，並且爭取應有的權益。這個過程使得在地社群能夠紀錄並且正式化他們對土地與自然資源的主張，藉以跟政府、企業以及地方精英所代表的優勢政治與經濟利益進行對話。林益仁教授又說，一張部落地圖的繪製完成，其實正代表了一個社會文化變遷的過程。它不是一個恢復傳統的過程，但卻是一個建構「傳統」的行動。這個行動背後的意義在於爭取

社群的生存權益，目前許多國際上部落地圖的操作無非是透過地圖的繪製，進而取得部落集體的意志與共識，藉此與國家或是財團進行部落集體權益的爭取[23]。

第二節　部落觀光產業之衝擊

談到原住民族（泰雅爾族）部落觀光產業的課題時，筆者心底衡量著在其發展的過程中，其實所謂的「文化產業化」或「產業文化化」在西方學界，曾經有過精彩的辯論及爭議，正如在自序中所敘述的情況，透過西方學界的爭辯，讓經濟學理論與文化變遷有所對遇，亦使其獲得傳播之機會。

筆者極願意提供兩個思想觀點，給予我們在推動部落文化活動及觀光產業之際，至少先瞭解現今國際社會的文化觀光產業之脈動或走向，同時將其經營的理念引進，可幫助我們的部落在思考選擇或調整發展的路徑。

第一，被譽為文化經濟學的先驅大衛・索羅斯比（David Throsby），馬奎里大學（Macquarie University）經濟學教授，他將經濟價值與文化價值視為發展模型的構成要素，並且體認到經濟發展與文化變遷皆為長期且具有演進的本質，這些都使得永續性概念自然地成為一個參考架構，藉此我們可整合分析經濟與文化的發展。此外，由於永續性的主要內涵跟自然環境與經濟發展間的關係有關，且自然環境與文化環境、自然資本與文化資本具有相似性，永續性在環境方面的詮釋可對應到文化領域上。⋯⋯生態系統維繫著生物圈，同樣的，文化體系也支撐著人類社會，兩者皆提供人們經濟生活所必需之

---

[23]　林益仁著，《部落地圖的社會意涵》收錄於行政院原住民族委員會、台中縣和平鄉公所舉辦「九十五年原住民族傳統領域土地調查研究」調查手冊，P.11。

物。索羅斯比教授舉世界銀行（World Bank）為例，再三強調關注文化、發展及永續性的重要角色時，他說我們會發現文化在永續發展中的角色現今已佔據發展思想領域的重要位置。而世界銀行闡述了一項事實：文化對發展的核心目標有直接貢獻。世界銀行正努力進行以下這些工作：首先，在各部門的貸款策略中融入文化考量，特別是教育部門。其次，在草根社區發展工作中推廣文化。其三，在借款國家內推行特定的文化計畫，例如各式的文化遺產計畫。另一方面，世界銀行在其宣傳活動中特別強調，發展中國家的文化觀光不能夠降低文化本身的品質，且必須尊重當地的傳統與文化敏感度。一言以蔽之，就是要維持文化與環境的永續發展。[24]

　　第二，亞洲大趨勢研究所創辦人，也是經濟學人的馮久玲，她在「文化是好生意」暢銷著作中提到，過去，美好的生活只限於帝王貴族和那些控制土地、資源和特權的少數者。今天，世界近乎五分之一的人口能夠追求「美好的生活」，即美國所謂的「Good Life」。這一切已經改變整個世界的經濟景觀，給衣、食、住、行各行業帶來新機會。這也意味著那些無法調整觀念，即從過去服務上層社會移向一般大眾為中心的企業，將會被淘汰。是的，今天消費者就是皇帝。整個市場經濟運作的中心就是服務消費者。換句話說，通俗文化將會席捲全球，逐漸削弱貴族式的精緻文化之主導地位，通俗與精緻文化之間的界線也會變得日益模糊。二十一世紀確實是個強調民主的年代，由於市場經濟和全球貿易使然，大部份人的生活正因貨品流通而開始平民

---

[24] David Throsby（大衛‧索羅斯比）著，張維倫等譯，《文化經濟學》，P.84～87。在索羅斯比教授的著作中，已點出了經濟成長與發展在思想上的轉變，雖然不是所有的發展經濟學者都重視這種轉變，有很多人根本就不承認其存在。然而，人們對文化角色的認定已有一種愈來愈明顯的趨勢，那就是文化對經濟表現具有影響力，以及文化會為發展中國家的經濟成長與轉型奠下基礎。這個趨勢已成為發展思想賦予新貌，把它從以商品為中心的發展模型，轉變為以人為中心。

化，普及的消費使得人人平等。許多商家各以不同方式創造賣點，以吸引中產階級。為了應付世界經濟結構上的調整所帶來的不景氣，各國政府尤其亞洲各政府更是耗盡全力以刺激人民消費，加強內需，以期達到國家經濟的宏觀穩定。正當傳統產業面對嚴重產能過盛和滯銷的困難時，另有一群企業靜悄悄抓著消費者的心，他們以另一種文化訴求注入傳統產品之中，並在改變人們的生活習慣，重塑美滿的生活時尚（lifestyle）。[25]

有道是「他山之岩可以攻錯」，縱然我們知道，觀光資源不等於觀光吸引力，但不可否認地觀光發展的確可以為地方經濟及社會成長有某種程度的貢獻，原住民族部落就是一例子，近年來政府大力支持下，使得各地部落正前仆後繼地推動文化與觀光活動，因此帶動了部落觀光發展與經濟的成長。但是觀光的導入、觀光客的來臨，對於一個觀光區所在地，或者對於一個社區的社會、經濟生活，都不可避免會帶來一些影響及改變，也就是衝擊（impacts）。隨著大眾傳播、經濟等各方面的社會進步和變革，帶動觀光發展的同時，對於觀光目的地帶來之影響，都包括正面和負面的因素。學者 Gee Makens& Choy 於一九九五年的研究，歸納出四個層面的觀光衝擊，以及泰雅爾族部落實際遭遇的經驗之兩個層面的觀光衝擊陳述：[26]

一、經濟衝擊

「工作機會」和人民「所得」收益的增加，是觀光為觀光目的帶來的兩大最明顯的經濟收益，相對的政府公部門則有「稅收」，如宜蘭的國際童玩節吸引的觀光人潮，以及人潮在當地的住宿及消費。但

---

[25] 馮久玲著，《文化是好生意》，P.16～17。

[26] 苗栗縣政府，《社區觀光營造資源調查計畫──苗栗紀行‧社區遊》，P.15～16。

是作為觀光目的地，必須付出公共建設、政策推動、私人投資等，以及為了維繫觀光服務品質的持續成本，清潔、維護及修繕等。另一方面，觀光地區發展起來，也可能帶動地價及消費指數等因素的高漲。

二、社會衝擊

最顯而易見地，還是「新工作的產生」和「新收入的流入」。觀光目的地也可能會有人口增加的情形，和外界的交流，造成交通、甚至治安的問題。就傳統農業和傳統製造業發展休閒農業、和觀光點而言，從製造業跨入不熟悉的觀光服務業，經營良善和永續性與否，成功失敗風險大。

三、文化衝擊

觀光目的地居民和遊客的互動是造成文化衝擊的主因，因為遊客和當地居民的生活、心態和認知，難以避免地有所差異，一般來說，觀光客和當地居民的社會、經濟背景差異越大的話，衝擊的發生可能性愈大。觀光客與居民發生文化衝突時，可能會有幾種結果：

(一) 適應或容忍：居民認為這是發展觀光難以免除之惡，或者兩方彼此刺激交流，都有所成長。

(二) 隔離：將觀光點和居民日常生活的地區分隔開來，井水不犯河水，互不干擾。

(三) 對立：觀光客造成交通阻塞、髒亂等，為當地居民排斥，或者觀光客以消費者是大爺的心態對待服務人員，或以自認社經教育地位較高的、文化較優秀者的姿態，嘲弄觀光地的風俗習慣和窺視「異文化」的「落後」生活方式等。

四、環境衝擊

發展觀光、開發觀光區，觀光客大量的湧入等，對於自然環境、景觀生態，以及人文古蹟造成的破壞。

五、漢人侵佔土地衝擊

除此之外，就台灣原住民族（泰雅爾族）部落觀光產業發展過程，歷歷在目血淋淋之經驗，卻是自祖先所承傳下來的土地，不斷不停的急速流失、或漢人侵佔土地的百種手段。台灣之土地，原均為原住民所有（「本省土地，原均為土著所佔有」，台灣省通誌卷八同冑志第三冊四六頁），漢族移住台灣之後，原住民所有之土地日漸減少，大多為漢族所侵佔。以下我們願意理性思考與反省詳述漢族侵佔祖先土地的各種手段，[27] 漢族侵佔土地之手段，可分為消極手段與積極手段兩類，分別說明如下：

（一）武力殺害刀槍齊來

積極手段就是出諸武力，壓迫原住民，毀其家，殺其族，驅逐其出境外，佔奪其土地。以今日台北松山一地為例，松山舊名錫口，原為台北盆地平埔族錫口社族人的土地，錫口社族人對漢人積極搶奪其土地的經過，有一口傳故事：

> 「我一族原稱為貓里錫口社，住今之錫口街，開墾田園以自耕，畜牛為產，或入山捕鹿，伐木燒炭為生。距今約百年前，屢受閩人襲擊，或被焚家，或被奪牛，抗之則被毆傷致死，

---

[27] 台灣原住民族權利促進會文宣組編輯，《原住民——被壓迫者的吶喊》，P.78～80。

終因不堪其擾，於王成當頭人時，全社遷往樟樹僻地，以避
其禍焉」。這是漢族系的閩人移民用積極手段侵奪原住民家園
的例子。如果漢族移民覺得用武力足以取勝，就毫不考慮的
用武力手段，如果漢人自覺武力不足以取勝，就只好採用消
極手段。

（二）笑裡藏刀哄騙不斷

　　依照「台灣省通誌」的記述，漢人採取的消極手段有四種方式：
1.用斗酒尺布換土地。2.通婚。平埔族人大多為母系承家，行招贅婚，
漢族男子便入贅而奪佔土地財產。3.入境問俗。與原住民結拜兄弟，
日常生活習慣主動「番化」，以博取原住民的信賴任和歡心，最後奪
取其土地。4.騙。清朝自鄭氏後代手中取得台灣的統治權後，起先嚴
令禁止漢人越界侵入原住民的領域。但是，對土地極度飢渴之漢族還
是不斷的侵入原住民的住地。到雍正三年（1725），清政府終於明令，
一般人民可以向原住民租土地耕種，要訂租約，租地者要向原住民繳
納「番大租」。訂租約，漢人就在租約上大動手腳，所開墾的土地面
積大多遠超出原來的約定面積之外，遇有爭執，告到官裡，漢人又是
百告百勝，原住民也就漸漸喪失其賴以維生的土地了。上述的手段
中，「積極手段」在今日或已難得一見。但「消極手段」呢，則似乎
仍是在繼續不斷的演出，像那些煩死人的電視劇一樣，沒完沒了。

六、政府擄掠土地的衝擊

　　外來政權（異族統治）統治下的原住民族，是台灣原住民族的悲
情，統治者完全利用其自訂的政策，巧取豪奪原住民族賴以為生的廣

大山林土地，是祖先徒手開疆闢地之生存空間，外來統治者從來也不曾與原住民做過任何的協議或商討，直接強壓擄掠，根本沒有獲得原住民族的同意，又沒有尊重原住民的意願制定任何相關政策。從日據時代的原住民土地政策來看，前台大農經客座教授中村勝指出，基本上有兩個重點：一個是賦予保留耕作權，規定必須以耕作水稻為主；其次，是土地所有權仍然是為國家所有，故意不讓原住民取得法律上的所有權，致使祖傳的廣大山林大量流失。國民政府延續了日本的保留地政策，以國家公園之名強取豪奪了原住民固有的土地。因此中村勝教授如此說：「上述的原住民保留地政策，迫使原住民必須放棄從前的高山燒田耕作，以政策強制他們從事平地的水田耕作，這基本上是一種徹底的土地掠奪政策。」[28]

事實上，在原住民族及其部落的苦難經驗裡，政府公然擄掠原住民土地的事件，層出不窮屢見不鮮，筆者願意放開心胸拋擲鬱悶，來舉一個到今天依然繼續發生並運作的重要史實：那就是國民黨政府欺瞞愚弄蘭嶼達悟族的核廢料事件。記得在民國六八、九年間，當台電公司、行政院原子能委員會在蘭嶼建築核廢廠時，其行騙族人的態度，堪稱一流，並說本島將建設軍港基地，其有助於當地人的就業機會。頓時達悟族青年煞是歡欣無比，雀躍不已，大家不約而同地紛紛加入建設的行列，都認為政府真照顧我達悟族人。孰知，工程峻工，他們又露出猙獰的漢人面孔說：這裡是核廢料貯存場，不是軍港。彼時，族人在心靈所遭受到的打擊絕非言語、筆墨所能形容。我們知道，蘭嶼原本是最美麗、最可愛、最宜人的休閒好去處。可是在國民政府播遷來台數十年中，並沒有孕育她成為美麗的島嶼。反之，給予她『世紀之毒』──核能廢料。

[28] 布興・大立（高萬金）著，《原住民的台灣認同》，P.165～166。

然照妖鏡可以使部份的歷史還原，國民黨統治下的蘭嶼達悟族人從未得到寧靜，平安的生活。首先是國軍退除役官兵輔導委員會，大肆掠奪族人少得可憐的耕作地；其次是觀光客的嚴重騷擾，鏡頭始終在丁字褲上打轉，族人之行動自由與人格受到極大的侵犯和污辱。難怪達悟青年不斷地疾聲控訴，一方面強烈抗議對政府巧取豪奪、擄掠土地之強盜手段及施政不滿，另一方面，對觀光客表達異樣眼光及種族歧視的心態的不歡迎。達悟青年接著說：憨厚、純潔、樸實的達悟族人，於心靈上遭受如此重大的侮辱與欺騙，足以驚天地、泣鬼神。我們不急需文明的洗禮，不急需盲目的開發，我們只想要平平安安地在此島上，在這屬於我們的島上繼續的繁衍達悟子孫，培育下一代；我們的最大願望，即是拒絕危害族人生命、財產的核廢料棄置蘭嶼，我們最不能忍受的是美麗的蘭嶼島成為核廢島。諸如此類之斑斑事跡，國民黨不斷地製造，不斷地侵擾蘭嶼原住民。最嚴重且最不道德，最沒人性的醜陋惡行，乃是將文明人之廢渣——核能廢料丟棄到蘭嶼。真可恨！國民黨的此一措施可謂迫害少數民族毀於一旦的卑鄙惡行。[29]

現代觀光理論除了在經濟層面以及地理、生態環境資源的調查，人類學家也在觀光業的領域從事有關人文層面的研究，集中探討觀光客對觀光地區的種種衝擊。尤其該地區又窮、科技又不發達時，大批觀光客常常可能造成一些不協調，或剝削的現象及形形色色的社會問題，且已有許多研究證明以上觀點。人類學家另外也注意到，觀光客僅觀看當地居民就會有深遠的影響。屬於不同民族特有的文化與經濟生活模式，在經由媒體傳播之後，也吸引觀光客的魅力所在。比如說，史密斯（一九七八）發現：阿拉斯加的觀光客通常會在當地漁人或獵

---

[29] 西加瑞‧飛魚撰述《蘭嶼——美麗島？核廢島？一位雅美族青年的控訴》，收錄於「山外山」月刊創刊號，P.11～12。

人回來之後，閒盪當海濱「檢閱」他們屠殺獵物。觀光客的期望也因看到「活生生的文化」（livingculture）而獲得滿足。不過當地居民則覺得受辱，而且觀光客頻繁的要求合照留念，並回答有關他們日常生活無窮無盡的感到厭煩，觀光客很可能破壞了當地居民的隱私。[30]

　　然觀光的引進，伴隨著的不全然是負面衝擊，有形或無形的利益收入，和成本付出的比較和衡量，是一般常用的評估方式和觀光之間，在利弊之間，是應該找到平衡點，或著相輔相成之做法的。

第三節　土地是不能給人的

　　不論你身在那裡、是那一國、是那一民族，甚至你並非原住民族，只要翻閱世界原住民族的社會發展歷史，都會看到世界上的原住民族都雷同地命運坎坷，在祖傳的土地或其領土上，常用生命寫下可歌可泣的故事，這種被壓迫的史實難以抹滅並發人深省。原住民土地真正流失的禍因，在於帝國主義相繼入侵台灣，竊奪了台灣土地的主控權，原住民的土地不但未循合法的契約徵收，反以優勢的武力、政治的權力肆意予取予求掠奪侵佔，用其自訂的土地法，以反客為主迫使原住民向統治者登記租用，沒有登記的原住民就自然失去了土地，也因此就沒有土地，許多不識字的原住民，也就因此失去了祖產的土地。就算是以登記租用來說，在日據時代，原住民尚有六十多萬公頃的土地，到了國民政府佔據了台灣後的今天，只剩下十幾萬公頃而已，其間國民政府利用設立國家公園、強迫遷村、有地侵佔、國防部的山訓用地、及官商句結的觀光設施與經濟開發，造成原住民的土地大量的流失。[31]蘇瓦密許族西雅圖酋長說：

30　苗栗縣苗栗新故鄉協會，《苗栗紀行・社區遊》，P.16～17。
31　布興・大立（高萬金）著，《原住民的台灣認同》，P.24～25。

我們知道，白人不了解我們的習俗。

對他們而言，任何一塊土地都和其他的土地沒什麼兩樣，他們像一個夜行的陌生人，到土地上予取予求。

大地不是他們的兄弟，而是敵人——他們征服土地，然後進駐，他們遠離祖先的墳墓，而子孫的出生地也早被遺忘。[32]

泰雅爾族自古以來，深信土地是「生命之主」（Utux tmiun 或 Utux mig 賜予之神）所賜。自從族人在發祥之初，Utux 就賜 Tayal，此孕育生命的大自然資源與之共生。在其漫長的族人生命史裡，更是愛惜此大環境與資源，又經過不斷地更生，其所累積的生活經驗與智慧逐催生其獨有的社會制度來管理其領土，將全族人之生命溶入其中，維護其領土。[33]對生活空間範圍的維護，是歷來各個民族最重視的事，歷史上的爭戰大多也是領土爭執引起的。為了讓本族的成員確切的明瞭領土界限，也間接的向鄰族宣示，……使次第成長的成員得以掌握領土範圍。[34]

行政院原住民族委員會於民國九十一年時，委託財團法人台灣原住民文教基金會研究「台灣原住民人權指標與外國比較研究」中，指出原住民由於在歷史的發展上，從原先與自然環境間長期保持穩定互動的共生結構，到日後其遭外來民族的侵佔與殖民剝削，以致其「生計」條件明顯地弱勢化，而「尊嚴」條件亦相對地出現邊緣化的事實。又指出從荷蘭時代起雖即有原住民政策，卻充滿殖民、支配的色彩；

---

[32] 蘇瓦密許族／西雅圖首長說的話，收錄在陳佩周著，《變臉中的『印地安』人——美國原住民文化探索》，P.143。

[33] 黃榮泉（Masa Tohui）撰述，〈從泰雅爾族自然主權看土地習慣與現行國家公園政策〉P.6。

[34] 巴蘇亞・博伊哲努（浦忠成）著，《台灣原住民的口傳文學》，P.26。

日據時間的「理蕃政策」，更是以「安撫」、「高壓」並行之政策；國民時期的「憲法」及「山地行政政策」，也不脫「夷夏觀」的同化論與國族思想，加速原住民族文化的消失。從近年來通過的法律可明顯得知，如「野生動物保護法」、「國家公園」及「原住民保留地開發管理條例（草案）」等，仍充斥著主流社會的價值，殊不知已嚴重侵害到原住民族基本生存與發展權。[35]專研台灣統治史的國立台灣師範大學藤井志津枝教授，在一場原住民族與政府合辦的研討會中以「國際潮流與臺灣原住民土地問題」發表演講，其中更以『近百年歷史徹底推翻，才能恢復原住民族有生命的文化』、『土地是原住民族文化的根源，不能當成為買賣交易的對象』為重要論述指出：

近百年現代化的過程中，日本殖民政府制訂了土地經由個人申報、官方許可、登記、納稅的制度。然對原住民族而言，因殖民政府不承認其人格及不承認其傳統無文字文化中的「不成文法」效力，於是其土地被日本政府沒收成當今「國有地」。原住民族土地被歸類為「國有地」，使得國家得以全面掌控支配。戰後國民政府承繼對原住民族殖民政策模式，因此在接收之時，又把台灣原住民族傳統土地權除外，使得原住民的土地矮化在「保留地」使用的範圍內，因此如何還原住民土地權等重要議題，如今連反省機會都沒有。近百年原住民族不受重視，的確令人值得反省，因為台灣原住民族在此地上生活，可能媲美千年檜木、樟木原始生態林一樣長久。那是才四〇〇年或一〇〇年的外來政權統治史能比較呢？假使國家以「合法」執行之名，做出壟斷資源之實時，就侵犯這塊土地的主人翁原住民族的權利。目前在全球原住民族面臨人口銳減、貧困和生存壓力，成為絕對弱勢族群。而台灣原住民族唯一依靠「保留地」幾乎

---

[35] 行政院原住民族委員會編印，《台灣原住民人權指標與外國比較研究》，P.53〜54。

淪為財團之手中，其無依無靠的窘境，與全球原住民相同。國家若有
意協助原住民族脫離困境，應先承認原住民族傳統土地所有權，將其
領土歸還原住民族全體。當然其過程國家協助，並以無償歸還為原
則。[36]

藤井志津枝教授再論及：我們不得不承認，與自然共生共存關係
緊密的原住民族來說，土地是生命的來源、文化的根源，根本不能當
作買賣對象的神聖母體。地權也屬於原住民族集體共有，使用權也隨
著個人或家族之需，在集體共有內相互方便通融。不耕作時土地開放
給任何生物，並無硬用繩索包圍守成，反而應用荒野放任的自然循環
體系中，且善用人為和天然供需均衡之妙，達成時時代代維持著族
群、村落、戶體「集體共有」之實，因此對原住民族而言，地權應回
歸原住民族傳統集體共有的原貌，才能使台灣山河回復原生命。戰後
在全球舊殖民地區，紛紛推動獨立建國，亦同時在內政部對少數民族
進行強制性「同化」，以求建立認同優勢民族文化之國家。政府強行
運用各項政策，將多元異文化的原住民族融入大社會之中，企圖使其
消失於無形。而在經濟上，則使其納入台灣資本主義經濟體系中，成
為最下層的無產階級廉價勞工。特別是對土地，則引進私有財產制，
讓「國有地」和保留地逐漸開放為有錢者的「私有地」。於是原住民
族固有與自然互惠、互享、互利的合乎生態循環邏輯的生活，已遭到
嚴重的破壞。……政府僅站在「保護」台灣自然生態而成立國家公園，
把原住民族排除於國家公園之外。從原住民族的角度來看，這種片面
的「保護」，只會加深對立和惡化而已。從二十一世紀地球生態重建
的角色來看，「土地是原住民族文化的根源」，是誰都不能否認的真

---

[36] 藤井志津枝撰述，〈國際潮流與台灣原住民土地問題〉收錄於《原住民土地權
利研討會》，P.8～10。

理，於是政府能無償歸還土地給原住民，從原住民族的文化體系來說，歸還的土地是宇宙委任原住民族經營的。[37]

　　所謂政府無償「歸還土地」給原住民族，並非只是一小群、並非少數人、並非嘴巴講講、及並非無的放矢，而是依法有據地，我們可以要求政府依照國際慣例及國際人權觀念將其強取豪奪、侵佔、自訂法律搶走、或國有化的原住民祖傳土地，無償「歸還」，如此可以貼近原住民族傳統文化概念，「土地是不能變賣、不能送給人的」，亦符合國際法的要求。我們更可以從世界性的整體原住民經濟人權指標，來思考原住民族應具備的自然資源及土地之各項權利；其中，當然包括了『土地歸還權』在內：

土地歸還權（right of returning lands）[38]

1. 對於尚未失去所有資格，卻經由暴力而遭奪取與殖民佔領的土地，原住民有權要求歸還，並包括要求賠償使用上的損失。原住民對於傳統聖地之收復及掌控的權利必須受到尊重。（聯合國原住民工作小組 1985）《原住民族權利宣言》第七條。
2. 原住民有權收回其歷來擁有，或以其他方式被佔有、但未經其自主同意而被沒收、佔據、使用或破壞的土地、領域和資源。如一時無法回收或歸還，原住民有權要求公正和公平的賠償。賠償的形式應就質量、面積和法律地位相等的土地、領域和資源，但有關人們自主的協商部份則除外。（聯合國原住民工作小組 1994）《聯合國原住民族權利宣言草案》第二十七條。

---

[37] 藤井志津枝撰述，〈國際潮流與台灣原住民土地問題〉收錄於《原住民土地權利研討會》，P.9。
[38] 行政院原住民族委員會編印，《台灣原住民人權指標與外國比較研究》，P.179～180。

我們看到，一九九〇年，澳洲的總理基亭，由其內政部長為過往白人政權對原住民的迫害，公開的向當地原住民道歉。在一九九三年十二月二十一日基亭總理說服國會議員，通過了一項承認白人屯墾區前澳洲原住民「土地權」的法律。首度承認原住民的土地權先於白人的屯墾區，並且在一九九四年五月初，以七億美元的國家賠償給原住民。無獨有偶地，身為泱泱大國的美國總統柯林頓先生，也在一九九三年十一月間簽署了一項國會的提案，正式向夏威夷的原住民道歉，承認美國海軍在一百年前非法推翻夏威夷原有的王國之不當行徑。[39]

另一方面，在一九九七（民八十六）年九月二十四日的自由時報報導，紐西蘭政府在二十三日表示，政府當局在毛利人恩加塔胡族代表經歷六年密集談判後，同意為上一世紀殖民政府巧取豪奪毛利人土地的行徑致歉，將付出高達一億多美元賠償金，以消毛利人一百五十年來的怨氣。紐西蘭政府為了表示道歉的誠意，將賦予原住民河流與山峰的命名權，以及擁有土地和資源的權利，並可使恩加塔胡族人的原住民回歸南島的故園。其中值得一提的事，即是政府當局與該族談判代表們所達成一千八百頁的「和解賠償方案」，必須經過一萬兩千名恩加塔胡族的成人，以通訊的方式做公民投票是否接受所達成的和解方案。恩加塔胡族酋長克羅彿茲指出，紐西蘭當局對過去掠奪原住民的土地，願做公開道歉，而且象徵性賠償一百五十年來所受的生命財產損失，將為撫平歷史傷口的進程揭開序幕。[40]翌年，讓我們再度看到紐西蘭政府更積極的作為，一九九八（民八十七）年七月九日聯合報國際版刊載，紐西蘭政府所任命的一個仲裁法庭，命令政府必須歸還三十多年前從毛利族人手中沒收的價值超過三百萬美元的土地。由政府任命之威唐吉仲裁法庭是在當地毛利族之分支恩加提‧土

---

[39] 布興‧大立（高萬金）著，《原住民的台灣認同》，P.83～84。
[40] 布興‧大立（高萬金）著，《原住民的台灣認同》，P.82。

蘭吉土瓜人及政府當局無法透過談判達成協議後，作出上述具有約束力的判決。這是仲裁法庭首度行使具有如此強烈約束力的建議權力。紐西蘭成立這個仲裁法庭主要目的在解決毛利人因為自一八四○年以來，土地被政府及相關部會沒收、偷竊挪作他用所蒙受的冤屈。[41]

　　因此，承認原住民的法律，無疑是對原住民族的尊重與肯定，尊重是站在原住民的立場，取決於原住民的想法；肯定是承認原住民擁有主導其生命延續的權利，以及捍衛土地自然完整的守護者。因為就原住民傳統法律之精神而言，土地、自然就如同人類生命一般，是有血、有肉、有情、有義的自然法則，所以原住民常常透過歌舞來歌頌土地，以表達出原住民與土地相互依存互惠的關係。也常常在收穫節、豐年節慶的活動中表達對土地自然的感恩，並誓言捍衛土地、自然的守護者。在原住民來看，那些傷害土地的人，才是無情無義的冷面殺手，包括台灣的原住民也都認為原住民是土地的守護者，土地一旦受到傷害，就表示原住民沒有善盡責任，五穀不旦缺收，人民也就會陷入貧困的生活中，這就是為什麼原住民會把土地、自然視為如同人一般地具有人格化的原因。[42]我們知道擁有土地，就有原住民存在的根源、認同的依據；沒有土地，生命的認同就變成泡影，隨即消失，這就是為什麼土地對原住民那麼的重要。澳洲的原住民在一七七○年起，英國霸佔了他們的土地，屠殺了他們的祖先。到了一九三三年，原住民從一七八八年的三十萬人驟減只有六萬人時，說出了他們對失去土地的悲鳴：「土地是我們的母親，是我們存在的根源，是我們的宗教，是我們的認同。」這就是原住民對土地的看法。[43]

　　二○○二年十二月八日至九日行政院原住民族委員會邀請十三個國家的南島民族領袖，首次於台灣召開「南島民族領袖會議」，希

---

[41]　聯合報，民 87.07.09（國際），第 11 版。

[42]　布興・大立（高萬金）著，《原住民的台灣認同》，P.82。

[43]　布興・大立（高萬金）著，《原住民的台灣認同》，P.173～174。

望藉由此次的會議凝聚台灣原住民族與其他地區南島民族間的共識及認同感，並建立穩固而長遠的交流平台。此次會議共有來自澳大利亞、斐濟、印尼、馬來西亞、馬紹爾群島、紐西蘭、帛琉、美國（夏威夷）、索羅門群島、萬那杜、菲律賓、吐瓦魯等十二個國家、二十八位代表與會；另有四位加拿大原住民民族議會代表也應邀來台觀摩。

以下為筆者摘錄一些他們關於土地的觀點：

澳洲代表羅素‧泰勒（Russell Taylor）說：「我試圖強調土地與地權對我們原住民之所以如此重要的適當性，為了正確認知我們與土地的緊密關係，人們必須跳出將土地視為純粹開發商品的固有模式。原住民與土地之間的深刻連結，經常被非原住民的文化所漠視。對我們而言，土地具有精神、文化與政經價值。土地支持著我們個人、我們的精神、我們的社交關係、我們的文化整體性、以及我們的生計。土地是維持我們身心的來源。倘若剝奪了土地，我們就像被剝奪了自身一般。這是鞏固我們所有土地要求的文化價值，也是瞭解我們與土地之間關係的核心所在。因此，任何涉及土地的社經、政治或判決發展，對原住民而言，以及對我們跟國家和更廣泛的國內外社會而言都很重要。」[44]

菲律賓代表眾議員法蘭西歐‧亞巴德（Florencio B. Abad）說：「現今原住民所面對最急迫關鍵性的問題，在於承認與保護他們的祖傳土地權，這是原住民真正發展的前景」、「儘管原住民首要的奮鬥目標，在於捍衛自己的祖傳土地。另一項關注是承認保護原住民的社會政治制度，這是他們世世代代所依據的制度，藉此來治理族人、管理與利用自然資源、解決彼此之間的紛爭」、「原住民部落顯然遷離了祖傳地

---

[44] 羅素‧泰勒（Russell Taylor）撰述〈澳洲原住民現況〉收錄於《南島民族領袖會議 Assembly of Austronesian Leaders》《會議實錄》，P.79～80。

區，失去與土地、自然資源及其他資產的接觸，因而承受物質貧窮的重擔、社會文化的匱乏狀況。」[45]

索羅門群島代表國會議員法蘭克普利（Frank Pule）說：「重要的是，所有人必須能接觸到土地、河流與樹林，透過部落基礎來履行家庭責任」、「尤其部落的土地、森林和水源均遭到剝奪，這些資源是無須金錢維生的必備條件。因此，人們摧毀或放棄資源，也就種下了悲慘的根源，過去豐饒的資源，如今僅能感受到其日益貧瘠。」[46]

吐瓦魯代表內政部長佩雷薩拉（Leti Pelesala）說：「享有行使政治權利的法定條件之一為必須在選區或島嶼之一擁有或持有土地」、「從職業、匯款和收割椰乾的收入之外，大部份島民特別仰賴土地與海洋謀生。」[47]

夏威夷代表約翰‧穆艾那（John Muaina）說：「開發者迅速將土地轉移變成旅館與度假勝地。島上興建第一家旅館之際，夏威夷人卻變得愈來愈少」、「我們無力繼續傳統的生活方式，過去從不屬於我們文化之一的貧窮，現在已是司空見慣。糖目前在夏威夷是主要經濟作物，製糖公司掌控了水與土地資源，吸引來自日本、中國、菲律賓與葡萄牙移民」、「土地所有權從夏威夷原住民轉移至外來者身上，此種嶄新的權力移轉，導致我們的社會階級產生異動」、「從不知道貧窮為何物的夏威夷人，此時卻成為了貧窮的受害者」、「土地的貧瘠與邊增的地租，大幅增加我們的生活成本，降低我們的生活品質，帶來更多的流離失所、貧窮與疾病」。另外，他提到有一個年輕的婦人與他分

---

[45] 法蘭西歐‧亞巴德（Florencio B. Abad）撰述〈菲律賓的原住民現況〉收錄於《南島民族領袖會議 Assembly of Austronesian Leaders》《會議實錄》，P.169～171。

[46] 法蘭克普利（Frank Pule）撰述〈南島民族現況——索羅們群島的情形〉收錄於《南島民族領袖會議 Assembly of Austronesian Leaders》《會議實錄》，P.185～186。

[47] 佩雷薩拉（Leti Pelesala）撰述〈南島民族現況〉收錄於《南島民族領袖會議 Assembly of Aust-ronesian Leaders》《會議實錄》，P.192～193。

享她親身之遭遇，她說：「我的母親終其一生工作，只為了掙得家人所有的土地。她申請夏威夷住家計畫，被排在候補名單上，之後她過世了。十年後的現在，仍然是一無所有。許多符合資格的夏威夷人，如我母親一般，花了一生的時間等待，卻不曾得到他們的土地。」[48]

加拿大代表前國會議員伊萊加‧哈伯（Elijah Harper）說：「過去幾世紀見證了美洲原住民的完整滅絕情形；由於建立殖民地、強取豪奪、疾病、貧窮、遷徙與種族滅絕政策，造成整個文化、遺產、語言及種族的消失」、「原住民目前置身於加拿大社會的邊緣，他們被推至經濟邊緣，飽受文化與政治的滅絕威脅。政府必須迅速有魄力地全面保障原住民族的經濟、文化和政治生存」。另一方面，他也提到有無數個國際文件和宣言書，都承認了原住民知識對整個地球居民的重要性，比如說：里約宣言第二十二條、原住民權利宣言之序文、生物多樣性公約第八（J）條、聯合國專家研討會，地權與主張的結論及建議（懷特霍斯），一九九六年版第三十八段與第四十二段、及國際勞工組織公約第一六九號序言等。以及「十項保護原住民、其文化和智慧財產的基本原則」，其中第一項：原住民自決並保護其土地和資源。原住民在國際法之下享有自決權：原住民有權管理祖地、領地與資源，包括其文化及智慧資源……等。[49]

泰雅爾族的耆老智者 Masa Tohui（黃榮泉）於二○○○年受邀於宜蘭縣政府主辦、及台灣基督長老教會泰雅爾中會宜蘭區會承辦「原住民土地權利研討會」中以「從泰雅爾族自然主權看土地習慣與現行國家公園政策」專題演講，他說：「……公元一八五九年殖民台灣二百一十二年

---

[48] 約翰‧穆艾那（John Muaina）撰述〈夏威夷原住民族現況〉收錄於《南島民族領袖會議 Assembly of Austronesian Leaders》《會議實錄》，P.199～200。

[49] 伊萊加‧哈伯（Elijah Harper）撰述〈加拿大第一民族的經驗：語言權與智慧財產〉收錄於《南島民族領袖會議 Assembly of Austronesian Leaders》《會議實錄》，P.213～215。

之久的清朝，因對日之甲午戰爭失敗，將台灣割讓給日本而結束對台殖民。接著入主台灣殖民之日本，經五十年統治台灣後於一九四五年因戰敗撤離台灣而放棄對台灣的統治權。乘機入台的是從大陸撤退台灣的中華民國政府，依台灣近代史看，即自公元一六二四年登台佔領南台灣的荷蘭政府起算，就是第五代的殖民政府。……這些殖民者仗其強大武力及經濟力，企圖同化原住民族來達到併吞廣大的原住民族領地，他們試圖竄改歷史、巧立名目、私自立法和數不盡的配套法令，使原住民族陷入圈套而就範，更可怕的是族人毫無知覺，自己已至瀕臨滅亡的地步。直到今天其魔手變本加厲，迫使原住民族無法在自己的土地上生存。」[50]

又說：「泰雅爾族原有的宗教、語言、社會制度、領地（自始為其民族之生存所有之土地）、及傳統文化等自然主權。我們由此不難獲得基本概念，就是我們原住民與外來政權之關係。如今所遭受的各種政治壓迫，使得原住民的主權完全被剝奪，而其事實在在證明，如此對原住民的政府，只能說名符其實的殖民政府。……自結束第二次世界大戰為契機，國際生態有了很大的轉變，民族主義觀念之抬頭，人權尊嚴之重建，致使列國紛紛放棄殖民政策，將原先統治之殖民地歸還當地原住民。使其重拾主權，建立自己的國家。」[51]

原住民部落普遍擁有優美的自然景觀與生態資源，先天上具有極佳的觀光價值，如果與文化特色相互結合，或許會創造更大的吸引力，成為部落整體發展重要的助力。大多數的部落及其族人對此已有初步的認知，而且會極力爭取外界資源，從事硬體建設以加速開發其商業價值。但是，土地問題本身變得極為敏感且複雜，我們泰雅爾族

---

[50] 黃榮泉（Masa Tohui）撰述，〈從泰雅爾族自然主權看土地習慣與現行國家公園政策〉收錄於《原住民土地權利研討會》，P.2。

[51] 黃榮泉（Masa Tohui）撰述，〈從泰雅爾族自然主權看土地習慣與現行國家公園政策〉收錄於《原住民土地權利研討會》，P.2。

文化傳統中並不具備私有財產的「所有權」，及土地資源為部落所共同使用的傳統領域，過去的土地管理制度也承襲此傳統，使大量保留地的產權並不明確，直到今日，真正由個人向政府相關機關登記為其私有者，依舊僅限於部份土地，所有的傳統領域並未包括登記範圍。

因此，一旦加速硬體建設與觀光資源開發，將會觸發土地財產權的爭奪，進一步挫傷文化傳統。加上由於漢人對土地的佔有利用、財產權之爭奪、法律規章的嫻熟與運用，在在都遠超過部落中原住民。激烈爭奪的結果，反而可能讓最具經濟價值的土地流入漢人之手，目前知名的觀光勝地如烏來、廬山、知本及泰安溫泉等地，都是具體例證。為此，在發展觀光事業之前，如何掌控土地資源，乃是最需要族人用心、與部落團結之處。

當我們瞭解與誠實面對，部落發展或觀光產業所帶來之衝擊時，曾經在原住民族部落及台灣社會族群歷史上發生的事件，至今確實難以抹去依然記憶猶新，其傷痛更加劇於部落日常生活中，今天原住民族及其部落還在療傷包紮之際，有一故事發生在黑色大陸的非洲，被稱為落後的族群與國家，但其匠心獨具的生存與發展方式，都值得我們深思熟慮與借鏡地，在他們的文化社會傳統裡根深柢固地，堅守土地的觀念，就是這個「土地是不能給人的」故事這樣發生：

> 據說，在近代深入非洲內陸「探險」的熱潮中，有兩個歐洲學者來到埃塞俄比亞（衣索匹亞）考察。他們從北方遊歷到南方，每個角落都要去看一看，並且把所有的河流、山脈和道路都畫在地圖上。這個消息很快就傳到皇帝的耳裡，並引起他的警惕。因而當時有許多西方學者打著「科學考察」、「科學探險」的旗子，深入非洲內地收集各方面的資料，為獲取工業原料和殖民占領作前期準備。埃塞俄比亞皇帝擔心他們也是為此目的，就派了人作嚮導，伴隨他們。

過了幾年，這兩個歐洲人結束了他們的工作，伴隨他們的嚮導回到首都亞的斯亞貝巴，向皇帝報告：「這兩個歐洲人把看到的一切都記錄下來了。他們觀察尼羅河怎麼從塔納湖流出來，怎麼從山上奔騰而下。他們查清了山裡有沒有黃金和白銀。他們把大路和小路都畫在地圖上了」。皇帝明白了這兩個歐洲人幹了些什麼，就派人去請他們，說希望在兩個歐洲客人離開以前，能夠見見他們。兩個學者來了以後，皇帝向他們問好，款待他們，並送給他們珍貴的禮品。隨後，皇帝的臣僕恭恭敬敬地一直送他們到紅海岸邊乘船。

當兩個學者快要上船回國時，皇帝的臣僕請他們止步，把鞋子脫下來。臣僕接過鞋子，把鞋上的灰塵，特別是鞋底的泥土仔細擦掉，然後把鞋還給了他們。兩個學者被這種奇怪的舉動弄得莫名其妙，心想：我們在這裡待了好幾年，還是頭一回遇到這種習俗，便詫異地問：「你們這是幹什麼？」皇帝的臣僕回答：「敝國皇帝祝福你們歸途上一路順風，並叫我們轉告：『你們從遙遠而強大的國家來到這裡，親眼看到埃塞俄比亞是世界上最美麗的國家。它的土地對我們是寶貴的。我們在它上面播種，在它底下埋葬我們的親人；我們躺在它上面休息，在它上面放牧我們的牛羊。你們在山上和溪谷裡、在田野和森林中看到的小路是我們的祖先、我們和我們的孩子所踏出來的。埃塞俄比亞的土地就是我們的父親、我們的母親和我們的兄弟。我們殷勤地款待你們，並且送給你們珍貴的禮品，但是埃塞俄比亞的土地是我們所有的東西裡最寶貴的，因此哪怕只是一粒砂，也不能給人。』」[52]

---

[52] 沐濤、張忠祥著，《非洲的智慧》，P.155～158。

第四節　環境與生態教育的建立

　　台灣原住民族部落背後的陽明山山脈、大雪山山脈、玉山山脈、合歡山山脈、阿里山山脈及大武山山脈等，都有美麗漂亮的杜鵑花，寒冬降雪的時候，她會落葉枯乾，但在看不到的底根尚有堅強的生命，一直到春天來臨，隨著陽光再度展現她的生命力，經過大地的滋養使其發芽開花，光鮮豔麗非常可人漂亮，這是台灣獨特的植物。世界珍貴的櫻花鉤吻鮭，逆游回故鄉產卵、台灣的雲豹在森林中的馳騁展現無乏比擬的生命力。我們知道，這些台灣特有的動植物強烈的生命力，在在都超乎人類的想像，這些美麗重要的資產都是上帝給台灣的祝福。但是這些台灣的珍寶正面臨逐漸減少或絕種之途。試想，如果人類社會的發展，只考慮科技發展，缺乏人文及自然、環境與生態的關懷，會導致人們生活與心靈的漂泊，沒有生命的歸宿、沒有可安歇之處。

　　近年來，我們看到全世界逐漸關注到生態與環境，在人類的貪婪與自傲下遭致破壞殆盡，其已嚴重威脅到全人類之生命。包括大氣層上空累積過多的二氧化碳形成溫室效應、日益擴大的臭氧層破洞、全球溫度及海水水位亦逐年高漲、工業科技產業造成土地及水源的污染等等。就像令人痛心疾首無法忘卻的一九八六年蘇聯車諾比電廠爆炸幅射線大量外洩，依聯合國大會一九九五年八月秘書處的報告：車諾比災害中被迫離開家園的有四十萬人，直接及間接影響者至少有九百萬人，污染面積約十六萬平方公里以上。遭致魚池之殃的國家包括烏克蘭、俄羅斯、白俄羅斯等三個國家，死亡人數約為一萬五千人以上，投入清理的軍人及工人約八十萬人，事後皆發現罹患甲狀腺、肺癌、血癌等等疾病。工業發展、資本競逐帶來更大的受難問題：一種利益

導向、非人性的對利潤過於膨脹的不當追求，讓我們看到不僅是民間有三晃農藥廠的毒害，甚至於官方的公賣局也有毒玉米酒的出售。在上下交征利的腐蝕中，我們的商業倫理大量的崩潰了，飼養豬食的餿水油，也被製成了食用油，販賣給消費大眾。生活的價值在全面滑落，我們的文明已經走到了懸崖的旁邊；一切的開發、一切的財富、一切進步的追求，它的標準何在？如果是這種投機、取巧、反人性的、失去了人文關懷、失去了終極價值的情況的話，那正是文明的自殺。[53]

在一九五五年，兩位經驗卓著的生態學家，戴爾（Thm Dale）與卡特（Ver-non Gill Carter）出版了一本著作，叫做《表土與文明》（Topsoil and Civilisation），該書幾段的開場白這樣說：

> 「有了文明的人類幾乎總是能暫時掌控環境。他們的主要問題出在誤以為一時的掌控是永遠的。他們誤以為自己是『世界的主宰』，卻並不充份了解自然法則」。「人類不管已開化未開化，都是大自然之子，而非其主。他們若想維持其掌握生態環境的形勢，他們的行為就必須合乎若干自然法則。他們如果想要規避這些自然法則，結果往往就是摧毀了供養他們的自然環境。而且當環境迅速惡化的時候，他們的文明也跟著衰微」。[54]

他們說：「曾經有人如此形容歷史：『開化的人類踏過大地的顏面，足跡所過之處只剩一片沙漠』。這個說法也許稍嫌誇張，但絕非無的放矢。文明人在絕大多數他們長期居留過的土地大肆掠奪。這就是為什麼他們不斷進化的文明要到處遷徙的主要原因。這也是他們的

---

[53] 高信疆的序收錄於《體檢美麗島──一九八五台灣生活批判》，P.37～38。
[54] 修馬克（E.F.Schumacher）著、李華夏譯，《小即是美──M型社會的出路》，P.8.111～112。

文明在較早期的居留地衰落的主要理由。這是決定歷史上所有趨勢的決定性因素」。[55]

又說：「文明人怎樣掠奪這個有利的環境？他主要是以耗竭或摧毀自然資源的方式來達成。他從佈滿森林的高山、河谷砍倒或焚燒絕大部份可用的木材。他縱放牲畜吃光啃禿了餵養牛羊的草原。他幾乎殺光野獸、竭澤而漁。他坐視耕地流失有生產力的土地。他縱容流失的土壤堵塞河川，並讓水庫、灌溉溝渠、港口填斥淤泥。在許多情形下，他不但使用而且浪費掉絕大部份可輕易開採的金屬或其他必需之礦物。然後他的文明就在自己創造的劫掠中衰敗，要不他就得遷徙到一塊新土地去。過去曾有十種到三十種不同的文明循此模式毀亡」。[56]

一九六八年時，生態學家查理斯‧奎斯（Charles Krebs）曾預測：「二十世紀是共產主義與資本主義的鬥爭；二十一世紀是資本主義與生態主義的鬥爭。」當時，萬萬也沒有人會想到二十世紀還未終結前，共產主義幾乎全面崩潰，資本主義終於勝利。二十一世紀剛開始的今天，誰會相信二十一世紀的末期，資本主義將會全面崩潰，生態主義將會全面勝利呢？生態預言雖不一定百分之百言中，但除非資本主義全面性改變，逐漸將「自然」融入其體制，否則，我相信以現象資本主義的主張，一定會被生態主義的主張所取代。[57]這是台灣生態學家林俊義博士的說法，我們看到世界各國的社會環境都以資本主義掛帥，他的主張並非毫無依據的，可以從各國的社會環境政策的路徑觀察，他接著說：在過去的舊思維裡，「自然」與「資本主義」是水火

---

[55] 修馬克（E.F.Schumacher）著、李華夏譯，《小即是美──M 型社會的出路》，P.8.112。

[56] 修馬克（E.F.Schumacher）著、李華夏譯，《小即是美──M 型社會的出路》，P.8.112～113。

[57] 林俊義的序收錄於保羅‧霍肯（Paul Hawken）、艾默立‧羅文斯（Amory Lovins）著，吳信如譯《綠色資本主義──創造經濟雙贏的策略》，P.8。

不容的敵對，兩者只能是零合遊戲而不可能雙贏。因為傳統的資本主義並沒有將人類賴以維生的自然系統賦予適當的貨幣價值，我們透過反自然、貪婪的錯誤政策，對掠奪自然資源以及破壞生物圈的行為予以補貼，並藉由扭曲的市場機制獎勵污染行為。只要這些環境的破壞沒有被計入經濟體系的成本中，或我們仍以人為的方式壓低原生資源的價格（事實上，自然資源的相對價格，在過去的兩百年前幾乎沒有什麼改變），那麼，我們就無法超脫人類自掘墳墓的惡果。[58]

由此觀之，筆者以為世界上的每一個人對待人類賴以為生的地球，應該以「一家人」之親密關係維繫，不容在成長過程中遭致家內、或外界的任意糟蹋破壞，從人類的婚姻生活經驗得知，當人們盡心盡力經營與維護薄如一張紙的婚姻關係時，偶有第三者的進入摧毀、當人們信誓旦旦的彼此建立一輩子斯守誓約的時候，不幸腳踏兩條船，做為對家人的回應。這個「家」，不是只屬於那個丈夫的、也不是只屬於那個妻子的，而是真真實實地屬於這個家每一個人所有的，所以每個人絕不可、也不能以客旅態度常駐，而是應該以每個人是管理者的基本態度居住看守。環境倫理學之父羅斯頓教授（Dr. Holmes Rolston, III）說：「不論是居住或工作，我們無可避免地被自然界環繞著，可是越來越多人必須遠離自然，而去居住在建構文化所須要的人造環境裡頭，卻也成為愈來愈難以逃避的趨勢。因此，在現今這個時代，文化的建構不單只是依照各地的自然環境去發展，更是必須要發展出對當地的自然環境負起應有的責任。然而，並不是每個地方都會去作出這樣的發展，尤其是在那些以剷除野地並消滅野生動物作為代價，而尋求所謂的發展的地方，他們發展出來的文化，當然談不上結

---

[58] 林俊義的序收錄於保羅・霍肯（Paul Hawken）、艾默立・羅文斯（Amory Lovins）著，吳信如譯《綠色資本主義——創造經濟雙贏的策略》，P.8。

合當地自然環境的特質，也不會產生對環境負責任的環境倫理。」[59]他又更進一步地說：「這個責任產生的原因，可以從兩個方面來看：首先，是因為我們必須尊重動物、植物和地理環境本身的價值。其次，是由於我們同時必須關懷人類的福祉。因為人類對自然界的元素有著各種不同程度的需求，透過這些自然元素，人類才能夠創造並維持人性化的生活。然而，在完全人工化的環境中，過著沒有機會接近大自然的生活方式，確實是令人難以忍受的。因此，一個全然調製成人工化的社會必然會忘記自然的創造。一個不能親近神聖受造物的生命必是不敬虔的。」[60]

　　一九七二年瑞典首都斯德哥爾摩（Stockholm）所召開「聯合國人類環境會議」（UN Conference on the Human Environment），肯定人類共同建立一個健康的生態環境之重要性，必建立能將發展與保育地球，做出有效、整合與平衡的全球性聯盟。各種非政府組織（NGO）亦草擬自己的宣言與條約。大家逐漸覺醒到：人類社會、經濟與環境問題不但均為相互關係，亦為需要整體的解決。於是出現「地球憲章提案」（Earth Charter Initiative）。[61]而該次的「人類環境會議」為期十二天之久，發表「人類環境宣言」並定六月五日為「世界環境日」，喚醒全球所有人共同關心環境衰變的問題，有 113 個國家代表及超過 400 個環保團體參與。[62]一九八二年聯合國大會接受『全球大自然憲

[59] 羅斯頓（Dr. Holmes Rolston, Ⅲ），陳慈美譯，《宗教與自然－生態神學講章》，原文出自：Jour-nal for Preachers 23。

[60] 羅斯頓（Dr. Holmes Rolston, Ⅲ），陳慈美譯，《宗教與自然－生態神學講章》，原文出自：Jour-nal for Preachers 23。

[61] 谷寒松神父撰述〈地球憲章歷史背景與環境倫理〉，收錄於《基督教婦女心靈環保再起步》，P.66。

[62] 台灣基督長老教會總會設立『環境主日』的說明，收錄於《台灣基督長老教會總會教會與社會委員會及生態關懷者協會編著《1999 年疼惜生命樹環境紀念主日參考手冊》，P.1。

章』（The World Charter for Nature），可視為在生態和倫理的原則上非常先進的宣言。[63]一九九二年六月三日至十四日聯合國再次在巴西里約熱內盧召開「地球高峰會議」，有 167 個國家的政府代表及近五千個民間組織（NGOs）參與，環境問題儼然已成為全球重要的政治問題。然該會議之『里約熱內盧宣言』的基本原則中寫道：「發展權利的滿足，必須滿足當代和今後世世代代的發展和環境需要……。永續發展要做到，環境保護成為發展過程的一部分，並且不能與發展另當別論。」這些基本原則考慮了自七〇年代初以來熱切進行的生態辯論，由羅馬俱樂部於一九七二年以「成長界限報告」所引發。里約熱內盧環境高峰會決議案於一九九二年「重申與大自然一致健康而有創造性地生活」的重大意義。而「永續發展」這個概念是由一九八七年的《布倫特蘭報告》提出的，這個概念既是原則也是策略：永續與合乎自然的發展，旨在「滿足當代的需要，而又不冒將來的世代再也無法滿足自己的需要的險」。[64]無獨有偶地，另一與此有關的重要節日為「地球日」，於一九七〇年四月二十日由美國一群大學生所發起，呼籲人類共同重視地球的環境，在一年中選一天作為「地球日」。此項國際最大的環保運動，由林俊義教授（前任台北市環保局長）引進台灣。一九九〇年四月二十二日，全世界有 140 個國家參加了「地球日／一九九〇」的活動，台灣也有代表出席參與該次國際盛會。[65]

---

[63] 谷寒松神父撰述〈地球憲章歷史背景與環境倫理〉，收錄於《基督教婦女心靈環保再起步》，P.66～67。

[64] 瓦特・貝恩內克（Walther L. Bernecker）著，朱章才譯，《第三世界的覺醒與貧困：1995 年 11 月 10 日，哈科特港》，P.72。

[65] 台灣基督長老教會總會設立『環境主日』的說明，收錄於台灣基督長老教會總會教會與社會委員會及生態關懷者協會編著，《1999 年疼惜生命樹環境紀念主日參考手冊》，P.1～4．

在絕大多數工業國家中，生態環境意識現在幾乎成共識，而相反的，這種觀念在第三世界國家則推展十分緩慢，但沒有現代化技術和大量環境預算，也可能作到保護環境和愛惜資源。雖然環境污染始終絕大部分是由高度工業化國家和消費密集的工業社會所造成的，但是在非開發國家中，也必須同樣大力地開始執行全球性環境政策，那裡將決定世界未來的走向；環境損害總是因為拖延時間造成的。在發展中國家中，局部是單純出於貧窮，絕大多數的情況是因為錯誤的產業導向的發展政策，才推行將自然資源「徹底賣盡」的政策，其後果連工業國也要受其殃及。在極端的情況下，這種「徹底賣盡」之舉，可能會導致全球生態系統的崩潰。[66]筆者願從美國與台灣的情況來看，我們所處的生存空間因著人類的貪婪與自傲，正在吞噬周遭環境而每況愈下之際，在千瘡百孔正快速惡化的全球中，是否看到人類徹頭徹尾、斧底抽薪的悔改呢？要從先進國家的經驗特別檢討台灣的情況，看看是否可以找到使我們真心懺悔的面向。

首先，美國農場的表面成功，其實隱藏許多潛在的其他問題。在美國，將近三分之一原始地表土層已經流失，剩下的許多表土層也被侵蝕。光是二十八年的耕作期間內，半乾燥大平原上的土壤生產率已下降 71%。最近雖然致力於水土保持的工作，但是表土層的侵蝕速度仍然比復原的速度快。如果採用傳統方法種植一百磅的玉米，可能會侵蝕兩百到五百磅的表層土。一九八〇年代，每秒鐘從紐奧爾良流到密西西比河中的肥沃土壤，大約是一卡車的載重量；十年之後，90%的美國農田依舊是表土層流失速度快於恢復速度（平均快十七倍），這種趨勢將會為往後二十年帶來約 440 億美元的損失。對於一些開發中國家來說，表土層的流失更是嚴重。……因此，在農田所消耗的能

---

[66] 瓦特‧貝恩內克（Walther L. Bernecker）著，朱章才譯，《第三世界的覺醒與貧困：1995 年 11 月 10 日，哈科特港》，P.73。

源中，大約有十分之一是為了改善土壤中養分減少、土壤蓄水能力下降，以及因侵蝕而引起的農作物生產率降低等問題。土壤的質與量降低愈嚴重，則整個農業的損失愈嚴重。短期內已使美國的農業產量下降 8%左右，二十年後可能要降低 20%。歷史上因土壤侵蝕與破壞而導致古文明衰退的案例比比皆是。[67]

其次，七〇年代之後的台灣工業發展，帶動了社會經濟的成長，人民忍受工業公害也是數十年了。包括工廠廢氣、毒氣外洩、含毒廢水橫流、廢棄物在河流、田地肆意傾倒，報載幾乎無日間斷。……蚵綠、樹枯、魚死、及人亡等這些活生生、血淋淋的事實，是我們環境權受到踐踏的鐵證，而且工廠內外環境，同時受害。[68]另一方面，台灣經濟發展和工業策略帶來的環境生態破壞和生活健康品質低落，特別令人感到傷懷。科技誠然給台灣帶來莫大的生產力量，但卻很少人去考慮科技衝擊的道德層次。長崎、廣島的悲劇已經四十年了，轍諾堡事件再度提醒了我們「原子能和平用途」的黑暗面。十萬人死於長崎、廣島的轟炸，倖存者中則有一千人死於放射能引發的癌症，而轍諾堡核電廠散出的放射能，將在未來二十年內增加五千三百名癌症患者。協助蘇聯骨髓移植的羅伯・葛爾醫師說：「轍諾堡核電事故噴射出來的放射能，至少比長崎、廣島原子彈釋放出來的更多。」十一萬人左右自十九哩的危險區中舉家撤離，過去的家園永成廢墟。轍諾堡的災難，像長崎、廣島一樣，將使世人永誌難忘。一九一〇年美國哲學家威廉・詹姆斯寫了一篇〈戰爭的道德對等物〉，認為戰爭是人類的演化「遺產」，因此無法丟棄；但現代的戰爭卻日益恐怖，簡直是

---

[67] 保羅・霍肯（Paul Hawken）、艾默立・羅文斯（Amory Lovins）著、吳信如譯，《綠色資本主義──創造經濟雙贏的策略》，P.261。

[68] 張曉春著，〈蚵綠、樹枯、魚死、及人亡〉收錄於《自力救濟：1986 年台灣社會批判》，P61～62。

「荒唐不可的事」。他建議世界各國把軍事的征服轉成對自然的征服；把人類「自古以來殘殺戰鬥的矛頭轉向自然」，這樣人類仍可擁有戰爭中表現的勇敢、榮譽的情操，而不致使人類滅亡。詹姆斯的前提是：把科技的力量從軍事的戰鬥轉向自然的征服，其過程不會導致任何嚴重的危險。與詹姆斯同代的思想家，亦大多認同他的觀點。七六年後的今天，人類的科技力量確已足可完全「征服自然」，但人類賴以生存的世界卻也哀鴻遍野了！從三哩島到轍諾堡，從愛渠到波帕，從水俁到新屋，從台北到高雄⋯⋯一幕幕科技成就與生態破壞的衝突，猝不及防地展現著。現在我們終於知道，詹姆斯及其同代人都沒有看出：征服自然的結果是自然對人類的反撲。[69]

台灣著名的本土作家李喬在他的著作《台灣人的醜陋面》一書裡頭，這樣批評台灣人，他們的自私、殘酷的德性，表現得十分「傑出」。我們的家庭教育，做事處世的「德目」上就開示我們下一代，為了安全與幸福，自私自利是「做人」的基本道理。例如：「明哲保身」是家訓不可或缺的一項。例如說：「自掃門前雪，休管他人瓦上霜」、「人不自私，天誅地滅」，你看，天地都崇尚「自私之德」，人豈可能逆天地乎！所以「你去賣命，我收代價」、「別人囝仔死不完」、「天下人死淨淨，與阮何干？」台灣人的歷史經驗，生存背景，盤根錯節，千糾萬纏，而台灣人向來不習慣且少有機會觀劇閱讀，於是竟然藉左右鄰舍的悲劇、陌生路人的苦難，觀而賞之，用以昇華委屈鬱抑之情懷嗎？這是玩笑說法，卻是笑不出來的比喻。現在一般人是「比較注重衛生」了，大部份中上級住宅，室內窗明几淨，廚房廁所十分清潔，可是共同水溝，巷角或綠地卻是垃圾迤邐，骯髒得很。高樓公寓的共同水塔污穢十分，大家不肯分攤費用請人洗刷，不過每家都購買進口的濾水

---

[69] 林俊義著，〈站在科技、生態及未來的十字架口〉收錄於《自力救濟：1986年台灣社會批判》，P41～42。

器使用；市場內的攤位，大都收拾井然有序，乾乾淨淨，可是攤位間的通道卻是垃圾穢物堆積，很難找到落腳之地……。這種自私自利的「德性」擴而大之，就是全省各地置污染環境於不顧而拼命加害人的工廠了。這些台灣人老闆為了一家一己私利，絕一方居民世代的生機而無動於衷！生態環境保護人士說：現在我們是提前挪用了子孫的生存資源；子孫們將負十倍的本息債務償還他們不肖父祖虧欠於大地的。[70]

有一首印地安人的詩歌，這樣寫道：

> 你知道樹會說話嗎？樹真的會說話！
> 樹會跟樹說話，樹也會跟你說話，
> 如果你用心傾聽的話……
> 樹教了我很多東西，
> 像是天氣，
> 動物，
> 還有偉大的神靈。[71]

這是一首加拿大印地安人對生命休戚與共的環境生態之告白，站在固有的部落，一再地告訴世人，樹木與其他的動植物、與人類一樣會呼吸及生命存有的；一再懇求世人只要用心與樹木維持親暱關係，它會教導我們很多關於自然、環境、及生態的知識，世人會從樹木那裡學到地球倫理的尊重。試問，台灣人民及其社會有多久沒有聽到樹木的聲音、多久沒有和樹木說話了？整日腳踩著哭泣的大地，身處千

---

[70] 李喬著，《台灣人的醜陋面》，P.104～107。

[71] 行牛（Walking Buffalo）／加拿大（Cannadian Stoney）印地安人，收錄於琦娃‧詹姆斯（Cheewa James）著、林淑貞譯，《印地安之歌》（*Catch the Whisper of the Wind*），P.58。

瘡百孔的環境生態，半夢半醒地感覺早已變了樣的生活周遭。我們一定要知道，今天不是我們「有多久沒有聽到樹木的聲音」、「有多久沒有和樹木說話」了，而是我們所處的居家環境及活動區域，已經沒有樹木可以看了，綠色而茂盛的樹木也在世人的無知驅使下被刻意的砍伐殆盡了；在印地安人的文化裡，每棵樹木都有它偉大的神靈，人類可以透過樹木的相貌，知道天候的變化、動植物的文化變遷、人類生活的記憶及環境生態的情況等，而這樣的寓意樹理在印地安人來講絕不可輕忽，但在台灣人卻與它失之交臂，釀成社會不可彌補的災難。暮然回首，我們恰似被迫要去緬懷過往的生活，看看是否還有機會可以回到從前？

　　有一位醫學院的教授這樣說：住在台灣這片土地上的成年人，或多或少都有些許的「鄉愁」，而且年齡越大，這個鄉愁似乎越濃。這裡的「鄉愁」事實上就是懷念台灣以前的環境還沒有被嚴重污染的年代——鄉下人懷念農村小溪清澈見底、小魚小蝦漫遊、手撈溪蝦、蛤蜊回家烹煮大快朵頤的年代；都市人懷念社區安寧、空氣清淨的年代。台灣的環境與生態過去幾十年來被嚴重污染的問題是有目共睹的。因此，台灣越來越多的人投入到環境保護運動，有關環境正義、生態保護等等的論述也漸漸在台灣社會展開。[72]任教於東華大學原住民族學院，也是原住民學者的孫大川教授在他談到台灣人文及自然環境生態時，寫了一篇名為——〈憤怒的「山」〉，作為他對這塊土地的關懷與回應：

> 寶島人文環境和自然環境的敗壞，已經到了不容許我們以任何
> 藉口加以搪塞的地步。……洪水的氾濫固然有它自然的因素，

---

[72] 《公衛教育在社大 2007 年秋季班種籽師資終身教育研習營手冊課程名稱與說明環境與污染（三）》，P.55。

但只要你走過台灣山區，你立刻會發現，水患之造成有著人文的背景。寶島的山，由北到南，由西向東，百孔千瘡，早已淪為土地競爭下之犧牲品。森林被濫墾，若不變成果園、工廠，即變成森林遊樂場；隨著而來的旅館、別墅，甚至滿山的廟宇，已將台灣的山區弄得面目全非。這幾年，更挾科技之便利，或移山或填海，人的傲慢與貪婪，正侵蝕著這裡的每一塊土地。[73]另一方面，他也嘗試從政治和歷史的角度來看，這一點與現任台灣基督長老教會玉山神學院院長布興‧大立（高萬金）教授的觀點，有著異曲同工之妙的合流觀點。首先，是孫教授之觀點，一九四九年國府在大陸的失敗，是直接主導台灣當代歷史行程的重要因素。遺憾的是，國際的形勢以及國內政治的、心理的、歷史的複雜情結與發展，竟使國民黨政權長期無法擺脫「過客」的心態。以這樣的心態為基礎所從事的各項建設，當然缺乏長遠的眼光。……流動攤販、禁區漁撈、違章建築、濫採沙石以及各式各樣的投機活動，充分暴露「打了就跑」、「敵進我退」的游擊戰術。打游擊不需要太大的成本，更不必對戰區的「土地」有深厚的情感；反正此地不行，我們還可以流竄他處，……這種游擊性格反映在「土地」的問題上，就呈現了一種「冷漠」的態度。我們不再有鄉土的情感，我們用推土機、用鋼筋水泥，踐踏農田，砍挖山林，我們說：「土地」最沒有用的東西，農業是落伍的經濟形式。[74]其次，布興‧大立教授說：很不幸的，由於人類的沙文主義，始終以人類為宇宙的中心，以人為土地的主人之宰制的態度，一味地放縱貪婪之心剝削了自然，污染了大地，特別是過去五十年，由於政治上的因

---

[73] 孫大川著，《久久酒一次》，P.66。
[74] 孫大川著，《久久酒一次》，P.67。

素，刻意把台灣視為「反攻大陸」、「復興中華」的基地，使得原為美麗的台灣山河，成為如同外國記者所說的「貪婪之島」。我們做為台灣人，雖然心不甘情不願地背負這樣的「污名」，但是台灣山林的濫砍、山坡地的濫挖、人們生活所製造的垃圾堆積如山，已到了無法無天失控的地步。及至大地反撲，每到颱風雨季時，不是氾濫成災，就是天災人禍。[75]但在這當中，原住民族常常是既無法、又無奈地背負著，被指著為破壞生態環境的「罪魁禍首」，其實這般地指責與原住民族部落文化、獵人、環境及土地倫理是相違背的，社會如此的嫁禍或栽贓根本是莫須有的，因為非原住民之族群及其社會，從來就沒有認真思考及瞭解原住民族及其部落的文化。理察‧尼爾森（Richard Nelson）博士在一篇名為「尋覓失落的箭矢：獵人世界裡的物質與靈性生態學」中，曾經生動地描述他在愛斯基摩村落中，與獵人相處的種種經驗。尼爾森在親身經歷這些生活後，感慨地寫道：「外界經常低估原住民族，就如愛斯基摩人的知識，這些知識很少被記錄下來，所以至今仍然鮮為人知。我相信優秀的獵人所擁有的知識，絕不亞於我們社會中受過專業訓練的科學家，縱使他們理解的體系有所不同。關於極地動物如北極熊、海象、馴鹿……等的行為、生態及利用，是可以完全以愛斯基摩人的知識書寫成冊的」。[76]

我們知道，台灣的環境運動萌芽於一九七○年中期，由關心生態與環境的知識份子扮演傳播觀念的角色。之後，由於污染事件層出不窮，以及台灣本土民主運動興起和解除戒嚴等因素配合，使得環境運

---

[75] 布興‧大立（高萬金）著，《原住民的台灣認同》，P.153～154。
[76] 林益仁著，〈找尋獵人的心靈〉收錄於《原報第 26 期》，P.14。

動在此時期快速成長，一九八七年「新環境基金會」、「主婦聯盟環境保護基金會」、「台灣環境保護聯盟」等重要環保團體先後成立，中央政府亦於同年設置「行政院環保署」，隨後各級地方政府也設置環保單位。以結合運動幹部為主的「台灣綠色和平組織」也在一九九〇年前後為學生運動興盛時期，許多青年學生成為環境運動的生力軍。一九九二年底立委全面改選，環保團體除繼續群眾運動的路線外，亦加重立法院的遊說工作。由於一九九二年底犀牛角事件引發國際環保團體的制裁，以及一九九四年美國引用培利法案對台灣進行貿易制裁，保育議題開始倍受關注。然而，我們所體會到的，卻是「環境痛苦指數」逐年上昇的事實，使得許多人對這塊土地越來越失望、不滿與無奈。[77]

　　站在已受傷的原住民族部落，我們也可以這樣看，八〇年代的台灣，社會開始關注環境之議題，乃興起環境保護運動，抗議三晃農藥廠的污染、反對美國杜邦公司在彰化鹿港的設廠、及反對興建第四核電廠等。之後的一九九九年「九二一大地震」與一連串接踵而至地風災水患，如二〇〇四年七月的敏都利和八月的艾利颱風、以及二〇〇五年的海棠颱風等的肆虐，重創了整個台灣地理及社會，災難之後各處山地與許多原住民族部落遍地滿目瘡痍、千瘡百孔的景象，到處是土地龜裂、地表土壤大量的流失、土石流及道路路基的滑落等，造成部落人民的恐慌及其產業發展的停滯。另一方面，直到九〇年代的分水嶺，原住民族部落從燒墾農業轉為觀光休閒產業之途，各部落族人均認為其可帶動無可限量發展之前景，可讓部落撥雲見日大大的質變，期使原本「黃昏的部落」走向燦爛的未來，正當族人舉杯彼此祝

---

[77] 台灣基督長老教會總會設立「環境主日」的說明，收錄於台灣基督長老教會總會教會與社會委員會及生態關懷者協會編著，《1999年疼惜生命樹環境紀念主日參考手冊》，P.1～2。

福鵬程萬里之時，部落發展中卻遭遇至今令族人不知所措，迫使得產業發展裹足不前之窘境，那就是肇始於環境與生態的問題。

當我們反省與檢討台灣的環境與生態處境的時候，令人感佩在各地總有一些個人或團體盡其所能的投入人力及經費，奢望地努力守護著台灣各角落的環境。在此過程中，我們發現政府相關機關官員的行徑足令人不齒與遺憾。行政院農業委員會林務局每年都有一個例行而重要的「造林查證工作」，該工作按慣例會邀請產官學者專家參與該項查證工作，前往其所屬各工作站進行造林與其相關業務的查證，足跡可說踏遍台灣的東南西北地方，他們的辛苦自不在話下，當然他們對台灣自然環境及生態的維護付出極大的貢獻，更對政府的政策擬定提出諸多批評與建言。台灣大學農業經濟學系吳珮瑛教授受邀擔任該次的查證委員，在她《全民造林、全民找林———一位環境經濟學者的反思》著作中披露此一事件，筆者首先轉述吳珮瑛教授說的兩則「故事」：

其一，她對台東糖廠廠長說的話：「廠長，以下我想說的這一些話，對於今天身為主人的你，可能比較不好意思，但是，我認為我應該、同時也有責任將這些話說出來。我們現在正在做一件錯的事情，今天我們來查證，我們是查證委員，你們是受查證單位，你們是不可以請我們吃飯的。以端出的這兩道菜的內容與擺飾推測，這一桌菜沒有一萬也有八千，我不知道你們是用什麼經費來宴請我們，在車上我一路都聽到你們抱怨現在有多難經營，經費有多麼拮据，可是我們卻可以在一兩個鐘頭內，迅速吃掉數千甚至上萬元。我相信今天如果一位農民要來申請個三、五百元的補助，他經過層層關卡後，可能數個月都未必有結果。」[78]

---

[78] 吳珮瑛著，《全民造林、全民找林———一位環境經濟學者的反思》，P.107。

　　其二，她對同樣擔任查證委員的郭教授說的話：「郭老師，請問我們跟著一起和稀泥，這樣的社會可以向上提昇嗎？我們接受受查證單位的招待，與接受賄賂差多少？我們接受別人的款待，我們有什麼立場與資格去對他們計畫的執行成果做評鑑，查證後如果某一個單位在未來有較多或較少的經費，他們會認為他們計畫執行績效的好壞而造成的嗎？或者他們會認為是源自對查證委員伺候與安頓的優劣而決定的？因此，每一個單位都在做無謂也不應該的競爭，只要我們不接受招待，他們就不會有這種聯想。而且一餐飯都可以花上一兩個小時的時間，為什麼每次的座談都捨不得多挪一、二十分鐘將事情討論完？今天早上我們有完成什麼重要的工作嗎？難道一大早出門，就是為了來吃這一頓飯？」[79]

　　因此，吳珮瑛教授又接著說：「吃在台灣人的生活中佔有相當重要的地位，高興時要吃，悲傷時要吃，送舊人時要吃，迎新人時要吃，有錢時大吃一頓，沒錢時小酌一下。……在整個造林查證過程中，這種飲食文化亦是無所不在。在整個查證工作過程中，花費時間最多的是，往返於各個查證現場所需的時間，其次即是用於餐桌上所耗費的時間。……每個行程幾乎都由不同的受查證單位，準備一至數次不等的豐盛佳餚。在第一次的餐宴之後，我即向農委會相關人員反應這是利益衝突（conflict of interest），我們是來查證，怎麼可以接受受查證單位的宴請？我得到的答案是，每次要查證特定地點之前，他們也都反應過，然而，由於各單位過度熱情，且都一致強調難得來一次，小小的招待還唯恐有怠慢之嫌，因此，農委會也相當無奈。我也向委辦此一查證計畫的省府相關人員反應了數次，同時也與查證委員的一位委員提過此一作為的不當。但是，最後也都是在『無奈』與『不拒』

---

[79] 吳珮瑛著，《全民造林、全民找林──一位環境經濟學者的反思》，P.108。

的拉扯中，一場場的杯酒言歡持續不斷地上演。有時，飯後離開餐桌時，桌上剩下的食物，供應該桌原來的兩倍人馬足足有餘，台灣經濟之富裕由此表露無遺。」[80]吳珮瑛教授她非常瞭解，她提出的批判與建言，並非針對某個人，而是在挑戰我們這個社會行之已久、大家所習以為常地，一些是非不分、對錯不辨的慣例、陋習與積弊。此事之後，約過了一星期，吳珮瑛教授收到一封來自屬名林務局的信，該信內容不僅強調吳珮瑛教授是查證委員中唯一女性的可敬與稀有，進而還對吳珮瑛教授具備的專業背景（農業經濟學）提出一個善意的「批判」，並特別予以告誡。為此，吳珮瑛教授始終無法理解與納悶，她想如果這些查證委員只是被派去為他們喝采，或是去與各個單位聯誼，該項工作是否可以更換一個名稱，不該是專案查證？（當然，如果只是一種行禮如宜的流程，是否需要聘請一些被稱為查證委員的人，也是值得商榷的！）吳珮瑛教授並強調地，座談會中，她都是用請教的方式，期望從中獲取更完整的資訊，同時嘗試瞭解問題的全貌。她再問，身為一個查證委員難道連建議的權限都沒有嗎？[81]筆者願意再提醒，這個事件的背景是憾動整個台灣、與全世界的「921大地震」，受災重創的台灣各社區與各地方。近年來，台灣因為一連串的天災人禍，造成各地區土地與社區環境的傷痕纍纍，一直到今天尚在整建復舊當中，一下雨舊疾立刻復發，回天乏術難以癒合，可以說遍地正在哀號哭泣。「921大地震」與一連串的颱風及其所帶來的毫雨造成極大災害，對台灣這一塊土地的傷害，沒有讓我們學到一些教訓嗎？但我們對掌理水土保持、環境保護的政府相關機關非常不滿與失望，他們官僚態度與老大作風，及任意浪費公帑足令人民匪夷所思。

---

80 吳珮瑛著，《全民造林、全民找林──一位環境經濟學者的反思》，P.104～105。
81 吳珮瑛著，《全民造林、全民找林──一位環境經濟學者的反思》，P.108～110。

　　總而言之，對於今天台灣這一個寶貴，我們更直截了當地說，台灣的環境問題是「過度開發了」，環境政策的決策模式先定計劃，決策，再籌措經費，打通關節，最後再利用環境影響評估，做些研究報告來支持其決策，這種做法推行的結果，帶來了台灣綠色的國難。台灣的環境要有希望，就要靠住在台灣的人，是否能覺醒，由心態上改變，政府除去過客心態，拿出良心來處理綠色危機，不要犧牲多數人的利益，而少數人獲益；莫再犧牲下一代的幸福，而滿足現在的慾望，請尊重萬物的生命，這是環境專家的肺腑之言。[82]

　　筆者以為，身在世界與地球唯一的台灣寶島，我們真的沒有任何藉口或理由放棄，與每一個人休戚與共的台灣，她是那麼地美麗、獨特地綻放她馨香之氣，她在世界的一個角落守護著此地的人民、她在地球的另一邊見證她的絢麗，此地的人民亦非常努力地詮釋她的性格，期待總有一天她會站在世界與地球的中心，揮手及堅定的召告天下，她是屬於此般世界與地球的，世界與地球也一直都與她共存共榮的。

---

[82] 郭寬城〈來觀看上帝所交託的〉的講章，收錄於台灣基督長老教會總會教會與社會委員會及生態關懷者協會編著《1999 年疼惜生命樹環境紀念主日參考手冊》，P.33。

第五章　結論

第一節　部落與政府的反求諸己

在我們亙古的泰雅爾族的神話故事裡，有一則「歷史故事」非常有趣地，將泰雅爾族部落文化精髓刻劃的栩栩如生，觸及了我們感動的神經，並挑起了我們部落及其集體生命的脈絡歷程，其被凝聚的傳統精神是那麼地傳神貼切，該故事如此描述：

> 古時天上有兩個太陽，使無日夜之分，人民生活困苦，幾乎要走上絕境，於是社人商議讓三名年輕力壯之人前往射日。但射日之路途遙遠，似乎永無止境，三人逐漸頭髮花白，所以一人回社求援說明情況。於是社人選派勇壯年輕人若干，且每人身上皆背負一嬰孩，隨身攜帶橘（一說枇杷）、粟之種子，沿路耕種。他們急行許久，終於見到了先遣之二人，但二人已年老體衰，見到眾人立即倒地而死。如此前進數十年，原先之人相繼死亡，而當時背負之嬰孩已成為勇健之大人。三人繼續前往目的地，終於抵達，拉弓放矢但卻未對太陽造成任何傷害，遂用木鼠之陽物射日，果然命中，太陽落下之血塊打死一人，太陽亦失去原先之光熱變成蒼白，成為今日的月亮，日中的黑影即是受矢傷的痕跡，而當時向空中濺布的血滴成為了眾星。由此世界有了晝夜之分。二人急速返社，但歲月匆匆，數十載已過，歸社已不識

社中眾人，而社人亦感謝其射日之英勇，不過當日之勇士，今時
已是老態龍鐘了。[1]

　　這個故事告訴泰雅爾族人，當族人遭遇危及部落生存之困難時，
整個部落族人都必須匯聚整體力量共同面對，更再度提醒泰雅爾族人
當面對今天部落的變局時，千萬不可、也不能忘記，我們有極為優美
的傳統文化基礎，建基於列祖列宗以生命所創建的疆域，並以此疆域使
泰雅爾族及其後代，盡情展現那充滿創意與獨特的文化生命。本故事早
已存在於泰雅爾族文化脈絡之中，同時更立下了原住民族部落發展的典
範與立論。另一方面，從這個故事當中，我們似乎可以看到「部會議」、
「方案計畫」、「參與的人員」及「分工合作」等意涵之現代社會科學的
概念，完全符合社區工作為因應環境變局所做的基本思想與行動策略。

　　急速變遷的時代，誰也沒有想到原住民（泰雅爾）族的部落會走
向所謂「觀光休閒」之途，長久以來被稱為「黑色部落」的原住民族
部落，恰似有機會使之鹹魚翻身成為亮麗的一顆明星。因此，筆者以
為原住民族部落之觀光產業，並非經由「扣門」、或「邀請」進來，
而是快速「闖入」，令我們無所適從地毫無因應能力，因為發展觀光
休閒所帶來的衝擊、及其捲動著非常複雜的東西，遠遠超過族人的想
像，原住民族及其部落宜慎重其事。

　　這些年來，我們台灣原住民族正搭上這一波觀光產業發展列車之
際，在列車上傳唱著祖傳的古調民謠、及祖靈之歌，部落族人興高采
烈地手足舞蹈，但其中在歡唱聲背後卻隱藏著一些美麗與哀愁，那就是
部落族人的無奈呻吟，夾雜在舉杯歡唱的歌聲中傳揚出來。我們看到有
些部落族人知道他們要前往何處？有些部落族人尚不知道他們欲前往

---

[1]　藤崎濟之助著，黃文新譯，《台灣の蕃族》昭和 5 年，收錄在內政部編，《臺
　　灣山胞各族傳說神話故事與傳說文獻編纂研究》，P.74。

的目的地？有些部落族人不知道他們該做何準備？有些族人其實背著的行囊是空無一物的？一般看來，大部份的部落族人只知道「觀光」會帶來人潮，有了人潮就會有錢潮入袋的機會、有了人潮部落就會有繁榮的機會。所以，部落族人就在這樣的思維之下，好像被迫加入各級政府及財團的隊伍，搖旗吶喊同唱「部落發展歌」。坦誠說，我們應該懷抱著認真、嚴謹、反省與準備的態度看待原住民族部落的變遷，我們以為原住民族部落確實需要更進一步的往前走，藉以揚棄長久鬱悶或邊陲的部落生活，不可否認這是部落族人引頸期待的機會。但是，我們了然苦蹲於部落中不禁要問：這一步是大有為政府之一步，還是原民族部落的一步？這一步是各級政府獨領風騷的一步，還是財團獨步部落的一步？這一步是幫助原住民族部落成長，還是破壞原住民族部落的文化或生態的一步？這一步竟然還是使部落族人拼命追趕又追不到的一步？這一步更使部落族人眼睜睜看著外來客在自己的部落鴻圖大展的一步？

　　然而，「這一步」走到今天，已到了該被檢驗的時候，必須從部落的觀點予以檢視，原住民族部落觀光產業發展，政府基本思維、計畫、措施、內涵、目的……等等，這一切從頭到尾徹底尊重原住民族自主的意願？這一切都符合原住民族的需要？這一切都源自於原住民族部落文化脈絡？這一切都釘根於原住民族傳統生態的概念？在原住民族部落發展的過程中政府及財團的角色為何？部落觀光發展的利益是歸當地部落族人所有、抑或是歸政府或財團所有？部落觀光發展還有多少祖傳土地仍然在當地族人手中、有多少祖傳土地已被轉入政府或財團手中？其次，我們要問的是，原住民族部落的觀光發展到底是誰的觀光發展，是當地原住民族及其部落所有、還是政府或財團所有？筆者認為所謂地「觀光發展」，原住民族部落似乎已不太可能阻擋或逃避，也似乎唯有誠實面對與參與因應其過程中產生的變化，原住民族部落觀光產業的發展，當中有太多複雜之政治及財團的力量大舉進

入，迫使原住民族部落一下子莫名地丟掉了祖傳土地及生活空間的主權，此般情況硬是讓原住民族的未來蒙上極大之隱憂與不確定因素。

　　兩位研究亞洲少數族群的人類學專家科藍‧尼可拉斯（Colin Nicholas）和拉吉恩‧辛（Rajeen Singh），對原住民作出極佳的定義：「原住民是某個特定領土上最早的居民。在人數較多或文化較先進的民族大舉遷入之後，逐漸喪失領土主權……他們與主流社會有明顯的區別：他們有自己的語言、宗教、風俗，及其希望傳承後世的獨特世界觀……通常他們與大自然之間維繫著一種特別親近的關係，這與他們的生活模式及精神心靈有著密切關聯。由於仍無法要求恢復絕對的主權，所以他們的奮鬥常只能在於重新取得掌握族群命運的力量，以保障其族群自身文化的延續」[2]。我們也看到，監察院於九十二年十月針對「行政院在原住民鄉鎮推動地方文化產業績效之檢討」乙案自動申請調查，並會同文建會、原民會、農委會、經濟部及交通部等五個中央機關，於九十三年二月十一日至四月十四日，就新竹苗栗地區、南投嘉義地區、屏東地區、台東花蓮地區、桃園宜蘭台北地區及高雄地區內較具特色與代表性之原住民鄉鎮進行實地訪查及座談，是第一次以原住民為主體的跨部會協調統整，總共深入走訪二十一個原住民鄉鎮。該調查針對各相關部會在原住民鄉鎮推動地方文化產業的政策面及執行方案，以及各原住民鄉鎮實際運作的情形、成效、面臨的問題、未來發展方向，提供個別及全面性的建言，期望透過翔實、完整的調查報告，真正落實原住民新部落運動，促進原住民地方文化產業之傳承、生存與發展。這個「原民案」的調查是由監察委員黃煌雄主動調查和監察委員黃勤鎮參與調查等，在本案的調查結束後，將之寫成一本《原住民地方文化產業總體檢》報告並予以出版，本書對

---

[2]　丁立偉著，陳太乙翻譯，〈望見山林中的十字架〉一文收錄於《人籍論辯月刊》，P.25。

於〈原民會在原住民鄉鎮推動地方文化產業之情形〉提出「未來發展方向」建言：

> 「展望未來，原住民新部落運動－部落社區產業所強調的除了要重新尋回原有的生命力之外，也希望部落能向前發展，所以其本質上雖是另一波的原住民尋根運動，追尋原住民族既有的傳統文化，但也同時希望能在既有傳統的基礎上創新，發展具競爭力、有別於一般觀光型態的休閒產業及文化活動」[3]並更進一步諍言「而台灣原住民文化的未來發展，一定要從振興部落文化著手，必須與部落結合，方能帶動活的原住民文化。因此必須善用及整合原住民地區的資源、政府、民間、還有各族群一起規劃，創造原住民地區特有的產業、生態環境及部落觀光環境，協助原住民地區產業轉型，並提高生產力、品質及競爭力，以因應未來原住民地區之產業衝擊，並能提振原住民經濟力量及改善生活品質，也讓部落文化可以回復成為真的活文化。」[4]

第二節　重新建構部落發展的意義與目的

近年來，在亞洲地區，我們看到原住民族部落一片百花爭鳴的「發展觀光」產業，也有一些傳統部落似乎反其道而行地抗拒，他們護衛土地的傳奇故事，受到世人的關切。在菲律賓呂宋島（Luzon）北部的科地耶拉山（Cordillera Central），居住著伊格洛特族（Igorots）原住民的六個支族。由於此地山區蘊藏金礦，十七世紀初期，西班牙的

---

[3] 調查委員黃煌雄及黃勤鎮，《原住民地方文化產業總體檢》，P.35。
[4] 調查委員黃煌雄及黃勤鎮，《原住民地方文化產業總體檢》，P.35。

侵略者就企圖征服這些原住民，但是一直到十九世紀下半葉，他們在菲律賓的統治已近尾聲之時才成功。西班牙人的目的是金礦。儘管曾發動過好幾次入侵攻擊，西班牙人從未發現金礦。伊格洛特族人擊退了他們。[5]另外，二十世紀初，美國人從西班牙手中接收了菲律賓，並成功地控制該地區。更進一步地，他們開始在今日成為本格特省（Benguet）的山區南部開採金礦，也企圖在鄰近的山省（Mounain Province）開採，但是失敗了。邦圖克（Bontoc 該省首都）的伊格洛特族人阻止他們。伊格洛特族人民阻止礦業引進的故事，是一則為正義與人權進行非暴力抗爭的經典案例。除了對傳統居住地的侵犯之外，有更深層的理由使伊格洛特族人反對引進礦業。因為他們雖然看到礦業為鄰近的本格特省帶來了繁榮、工作與財富，並讓該省成為北部山區五省中最繁榮、最富裕的省，但他們也看到礦業帶來的負面結果：採礦對水道的污染一發不可收拾，因此會摧毀水稻田。相較於本格特省，山省的邦圖克人更加普遍地以水稻維生，水稻田是他們視為性命的維生工具，他們必須盡一切所能加以保護。除了經濟上的重要性，水稻田也是他們文化與生活的重要基礎。他們相當清楚，摧毀水稻田意味著摧毀他們的文化，甚至摧毀整個民族。因此，相較於被鼓吹的「發展」，他們選擇了保留文化與認同。換言之，對本格特省而言，礦業帶來財富，卻摧毀了當地的生態平衡，而當地的人們現在才開始阻止進一步的破壞；但對山省的原住民來說，礦業從一開始就被阻止引進，因為他們的最終關懷是土地與生態的健全，也因此他們最後仍是較為貧窮的。[6]這個故事指出一個值得深思的問題：究竟什麼是真正的「發展」？

5　弗朗西斯科‧克拉弗（Francisco Claver），伊格洛特族，周雅淳翻譯撰文〈不發展的智慧〉收錄於《人籟論辨月刊》，P.56。

6　弗朗西斯科‧克拉弗（Francisco Claver），伊格洛特族，周雅淳翻譯撰文〈不

　　此時此地，我們看到阿里山鄉山美村裡的「達那伊谷生態公園」其所建構的發展理念，似乎為我們重新詮釋及找到了新的意義，那就是原住民族部落在發展觀光產業時的基本價值，就是對上帝的信仰、對同胞的愛以及對鄉土自然的愛構成三個重要的軸心。[7]根據高正勝長老的描述，達那伊谷生態公園的初衷構想不只是為了「響應」政府的生態環保工作，它其實是有更深更豐富的涵義。其中，最值得深思的是部落的重建。當然，經濟層面中就業與養家活口的問題是首當其衝的，目前台灣山地部落人口流失主要的原因正在於此，生態公園的建造正是從資源的保存來創造就業機會，這個思考點開始的。[8]而這個工作絕對無法獨立完成，當然進行的過程也是阻力重重。生態公園以維護溪流中的鯝魚以及生態景觀為重點，希望以此可以吸引觀光的人潮，進而帶動部落中其他的產業。理念雖然很簡單，但是卻有不少文化上必須克服的難關，以及經濟上的運作。從我們泰雅爾族傳統理性的部落概念，這是有關神聖的土地使用問題，任何人絕不可恣意侵犯，土地不只是一個生產工具，非常清楚地人並不是大自然的主宰者，而是大地的子民。正如修馬克（E. F. Schumacher）所說：「妥當的使用土地」（The Proper Useof Land）所呈現的不是技術問題，也不是經濟問題，這是一個需要更高層次的理性思考，……所謂的土地包括了所有在這塊土地上的生物。[9]

　　所以，當我們看到在菲律賓伊格洛特族人民阻止礦業引進的故事、與阿里山鄉山美村鄒族的生態公園以維護溪流中的鯝魚以及生態景觀的見證，使我們想到在《聖經》〈箴言〉裡說，公正的人善待他

發展的智慧〉收錄於《人籟論辨月刊》，P.56～57。
[7]　林益仁著，《飲鴆的獵人》，P.168～169。
[8]　林益仁著，《飲鴆的獵人》，P.169。
[9]　修馬克（E. F. Schumacher）著、李華夏譯，《小即是美——M型社會的出路》，
　　　P.114～115。

的牲畜，而邪惡的人則殘暴不仁。聖阿奎那（St. Thomas Aquinas）如是寫道：「很明顯的一個人如果能善待牲畜，那麼他就會更加善待他的同類」。甚至從來沒有一個人曾經問到他是否承受得起遵照這些信念生活。就價值層面而言，既然它們本身就是目的，就無所謂「承受得起承受不起」的問題[10]。適用於地上動物的原則可以完全不帶任何情緒的同樣適用於土地本身。雖然無知與貪婪一而再、再而三的摧毀了土地的肥沃，甚至於造成了整個文明因之崩潰，但是傳統教育裡可從不曾忽略讓我們認識「慷慨的大地」超越了經濟的價值及其重要性。而在聽得進這些教導的地方，不但是農業，連整個文明的所有其他要素也變得健全完整。相反的，在那些人們認為他們「承受」不起好好照養大地、遵照自然規則，反而處處違背自然的地方，所造成的土地病化結果，就不可避免的使整個文明的其他部份都隨之出了問題。[11]我們似乎也可以引用德國著名神學家莫特曼的說法，當我們談論現代文明的生態危機時，我們只能是指包含其所有子系統的整個系統的危機，從森林的消失到恐懼症的流行，從江河湖海的污染到我們的大城市裡在許多人當中彌漫的對生活的虛無主義感覺。這意味著離開了社會環境，就不可能理解人類的自然環境。對自然環境的破壞性干擾過程起源於經濟與社會的過程。因此，如果要遏止對自然的破壞，那就必須改變人類社會的經濟和社會狀況。那種主要以發展生產，提高人類勞動效率，促進現有技術為目的的社會，既不能控制，也不能克服自己所造成的對環境的不斷破壞。[12]莫特曼更進一步說，

---

[10] 修馬克（E. F. Schumacher）著、李華夏譯，《小即是美——M 型社會的出路》，P.118～119。

[11] 修馬克（E. F. Schumacher）著、李華夏譯，《小即是美——M 型社會的出路》，P.118～119。

[12] 莫爾特曼（Jürgen Moltmann）著，隗仁蓮譯，《創造中的上帝——生態的創造論》，P.36。

由於今天剝削自然的技術已提升到全面摧毀人類生存條件的程度。眾人皆知地，地球上生態的極限限制經濟的成長。人類求生存不能以犧牲自然作代價，否則地球上大自然的崩解會給人類帶來終局。因此，經濟權必須與地球大自然的條件相符。[13]我們要知道，不僅是人們，而且包括全部現實的起源，最終都是我們無法支配的。由於我們在實現自己的存在時依賴於現實的整體，何況還要超越這個整體探尋它的根據。因此，這種關係只能具有一種依賴關係型態。[14]為此，筆者深深以為人類雖然有能力追求經濟的能力及權力；既然人類的生存沒有能力超越、或獨立於地球大自然之外，人類全部的起源根本就必須依賴地球大自然的整體，何需將之破壞殆盡呢？我們如果從一個更廣闊的觀點來看，那麼土地可以被看成是一項無價的資產，而人的任務以及快樂的來源就是去「耕耘維護」。我們可以說人對土地的經營必須以達成下列目的為主：健康、美麗，以及持久。而第四個目的——唯一被專家所接受的目的是生產力，就自然會隨之而來。[15]

《小即是美——M型社會的出路》的作者修馬克說，雖然今天在我們的時代裡，對土地的最大危險來自城市人將適用於工業之原則應用在農業之決心上，結果不僅是農業，連整個文明都因之勢如危。[16]坦誠說，正如他說的一樣，我們原住民族部落發展過程中，正是族人踩著自己祖傳土地（傳統領域）上遭遇了前所未有的險境，部落族人還沒有受惠於來自產業之發展，部落結構卻正快速地崩解、身陷困窘的族人亦在毫無預知的情況下被迫失守祖傳之土地，而淪落於越來越艱辛的部落夾縫中。由此觀之，我們以為原住民族部落產業發展，不僅

---

[13] 莫特曼（Jürgen Moltmann）著、曾念粵譯，《俗世中的上帝》，P.158。

[14] 潘能伯格（Wolfhart Pannenberg）著、李秋零、田薇譯，《人是甚麼——從神學看當代人類學》，P.50。

[15] 修馬克（E. F. Schumacher）著、李華夏譯，《小即是美——M型社會的出路》，P.123。

[16] 修馬克（E. F. Schumacher）著、李華夏譯，《小即是美——M型社會的出路》，P.119。

僅要尋根、追尋既有的傳統文化與振興部落文化。我們應該更積極探尋重建鄉村（部落）文明，開放土地讓更多的人居住其上，不管是蜻蜓點水式還是終老於斯式，並將我們對土地的所有行動都以達到健康、美麗、持久三項目的為目標，而不是再去找尋加速農業人口流失的手段。事實上，任何社會都承擔得起照顧其土地，使它既能永保健康，又能永保美麗。[17]

在「華陶窯」園區裡有一個這樣的故事被傳開來：窯主為了在後山闢建理想中的台灣植物園，他們找來一位園藝系學生，幫忙照顧、規劃設計園圃。這個年輕而滿懷憧憬的女孩，一見到隸屬火炎山系、乾燥貧瘠的華陶窯土質，沮喪失望的踢了踢腳邊的泥土。沒想到，那一角脆弱的土地，也不爭氣的立即崩塌鬆動。

「窯主，這麼爛的土地，能種植物嗎？」她一臉狐疑，無奈的說。窯主沒有因此氣餒，反而告訴她說：「這是我自己的土地，如果連我都放棄它，誰還會要它呢？」

窯主說：土地似乎感覺到我的疼惜與好意，一年又一年，植物愈開愈繁盛美麗。每一次我穿梭在這片自己親手培植的樹海裡，心中總是盛滿感動。窯主又說：我想，荒地也許只存在人們心中。如果每個人都能珍愛、不捨棄自己生長的土地，那麼世界上也許就沒有一吋真正荒蕪的土地了。[18]

著名的台灣植物生態園區「華陶窯」的故事，給了我們深刻的省思，在部落或祖傳土地（傳統領域）上，此時此刻，我們似乎愈來愈無法成為那個「窯主」，有許多的時候我們卻被迫成為那個「園藝系學生」，沮喪而失望的看著部落或祖傳土地（傳統領域）。我們是否也

---

[17] 修馬克（E. F. Schumacher）著、李華夏譯，《小即是美──M型社會的出路》，P.125～126。
[18] 陳文輝著述，《哭過的月色很美》筆記書裡，本書沒有分頁。

可以像那個窰主一樣的胸襟，清楚而堅定地守候，因著產業發展極速流失而所剩無幾的土地？是否可以鏗鏘有力的說：「這是我自己的土地，如果連我都放棄它，誰還會要它呢？」

　　在我們如何對待僅次於人的最重要資源——土地。這個簡單問題上，我們整個生活方式都與此息息相關。而在我們與土地相關的政策被更改之前，我們心理上的態度就得先來個大變革，更不要說宗教上的態度了。這不是我們承擔得起承擔不起這個代價的問題，而是我們打算把錢花在什麼上面的問題。只要我們能對超越經濟的價值有一個寬厚的態度，大地的景觀就會再度健康而美麗。我們的同胞也就能再度擁有人的尊嚴。他會知道他高於動物，但是也絕不會忘掉道德上應盡的義務。[19]

　　讓我們謙卑地同心思索，當原住民族部落因產業發展遭致土地（傳統領域）不斷流失、與部落文化嚴重的瓦解，族人被迫逃離生於斯、長於斯的土地時，來自部落的哀號與族人的無奈，我們強烈呼籲：

　　一、掠奪原住民族部落及祖傳土地（傳統領域）的闖入者如政府、財團，請即刻停止你們對原住民族土地的非份想法與貪婪。此時此際，當我們努力也勉強地守候滿目瘡痍、千瘡百孔的土地，請你們和我們一起尊崇，泰雅爾族祖先們對大自然無限尊重的信念。

　　二、各級政府進行中或擬定的政策，請誠實地站在原住民族部落立場及族人們之意願，並發還政府或財團掠奪的土地（傳統領域）。祈願我們立基於公義的行使，期盼達到我們社會之和平，進而群策群力重新建構原住民族部落發展的真諦與目的，並重塑人和自然的必要之調和與平衡。

---

[19] 修馬克（E. F. Schumacher）著、李華夏譯，《小即是美——M型社會的出路》，P.128～129.

附錄　台中縣和平鄉的行政

　　筆者除了彙整和平鄉達觀村各觀光產業與文化資源外,為了提供台中縣及其他縣市居民有一方便的行政諮詢管道,特地嘗試整合和平鄉之行政組織與執掌,期待民眾能善加利用行政資源,同時亦可獲得瞭解與原住民部落、並可拉近與當地民眾的距離。

一、行政劃分

附圖 1-1　台中縣和平鄉行政區域圖

資料來源:台中縣和平鄉通訊錄及便民手冊,民96.8。

二、和平鄉公所行政組織職掌簡介

　　台中縣和平鄉公所皆設有職掌不同事務之部門，其職責在於管理地方各部落與為民服務，本文在此茲將各課室掌管之工作內容作一簡述，並附上鄉公所之行政組織表，盼望民眾藉此更加瞭解地方政府之行政組織與其工作內容，並能善加利用之。

（一）各課室介紹

1. **民政課**：掌理一般行政、調解服務、自治、禮俗宗教、公共造產、教育文化（環境衛生、一般社政及社區發展、醫療補助、急難救助、低收入戶補助、老弱無後民眾收容安置、原住民生活改善及協助民防等事項）。
2. **主計室**：掌理歲計、會計及統計等事項。
3. **建設課**：掌理土木工程、都市計畫、公共建設、交通、水利、簡易自來水、營建管理、違章建築查報、市場管理、公用事業、小型排水設施、簡易工商登記、二樓以下建築管理、農林業漁牧生產、農業推廣、糧食、農產運銷、農情調查、地政、山地保留地管理與開發等事項。
4. **人事室**：掌理人事管理及人事考核事項。
5. **產業觀光課**：農業推廣、天然災害低利貸款、農情調查及產銷輔導、造林及保林防災、原住民保留地及森林保育管理、原住民保留地造林及管理、林農撫育管理、輔導原住民經濟事業發展、蓄牧獎勵及家畜、土石流及崩塌地及水土保持等。
6. **政風室**：掌理政風法令宣導，防發掘員工貪瀆不法及處理檢舉事項，機關公務機密維護事項。

7. **土地管理課**：原住民保留地及權利業務、地理資訊系統、整理地籍及產權、開發原住民保留地資源、衛星影像、山坡地查報及取締、土石流災害通報等。

8. **財政課**：掌理財務、公產、出納及協助稅捐稽徵等事項。

9. **托兒所**：辦理鄉內托兒教育、親職活動等。

10.**圖書館**：圖書、雜誌、書報供鄉民閱讀及借閱。

11.**清潔隊**：廢棄物清理及環保業務。

12.**秘書室**：掌理文書、庶務、印信、法制、企劃、國家賠償、研考及不屬各單位事項，由秘書承鄉長之命，指定人員辦理，並指揮監督之。

（二）台中縣和平鄉公所行政組織表

附表 1-1　台中縣和平鄉公所行政組織表

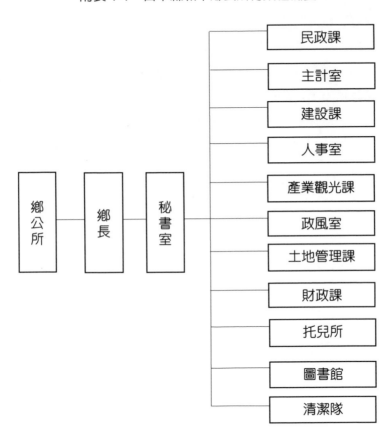

資料來源：台中縣和平鄉通訊錄及便民手冊，民 96.8。

參考書目

1. 台中縣原住民族教育資源中心，《台中縣和平鄉泰雅爾文史冊（一）》，台中：民 92.1 出版。

2. 劉益昌著，《雪霸國家公園解說叢書－大安溪後龍溪上游的住民》，台中：內政部營建署雪霸國家公園管理處，民 86.3 出版。

3. 廖守臣著，《泰雅族的文化》，台北：世界新聞專科學校觀光宣導科，民 73.3 初版。

4. 苗栗縣苗栗新故鄉協會，《社區觀光營造資源調查計畫－苗栗紀行‧社區遊》，苗栗：苗栗新故鄉協會出版。

5. 林永發，《雪霸國家公園》，內政部營建署雪霸國家公園管理處，台中：民 88.8 出版三刷。

6. 內政部，《雪霸國家公園計畫（草案）》，民 80.8.。

7. 張伯鋒等撰述，《臺灣地名辭書卷十二台中縣（一）》，台北：國史館台灣文獻館，民 95.10 初版。

8. 洪敏麟，《臺灣舊地名之沿革第二冊（下）》，台中：臺灣省文獻會，民 73.6 出版。

9. 瓦歷斯‧諾幹、余光弘，《臺灣原住民史泰雅族史篇》，台北：國史館臺灣文獻館，民 91.12 出版。

10. Jean-Pierre Warnier（尚－皮耶‧瓦尼耶），吳錫德譯，《文化全球化》，台北：麥田出版，2003.4 初版一刷。

11. 劉述先，《全球倫理與宗教對話》，台北：立緒文化事業有限公司，民 90.4 版一刷。

12. 保羅‧田立克，魯燕萍譯，《信仰的動力》，桂冠圖書公司，1994.8 初版一刷。

13. 瓦歷斯‧諾幹，《番刀出鞘》，台北：稻香出版社，民 89.6 三版。

14. 台灣總督府臨時台灣舊慣調查會，《番族慣習調查報告書（第一卷）泰雅族》，台北：中央研究院民族學研究所，民 85.6 初版。

15. 林為道、尤瑪・達陸，《泰雅族北勢群的農事祭儀》，苗栗：苗栗縣文化局，民 91.8 出版。

16. 內政部營建署譯印，《美國國家公園管理政策》。

17. 苗栗縣政府，《社區觀光營造資源調查計畫－苗栗紀行・社區遊》，苗栗：苗栗縣苗栗新故鄉協會。

18. David Throsby（大衛・索羅斯比）著，張維倫等譯，《文化經濟學》，台北：典藏藝術家庭股份有限公司，2005 年 4 月四刷。

19. 馮久玲著，《文化是好生意》，台北：城邦文化事業股份有限公司，2003 年 4 月初版九刷。

20. 《台灣省通誌卷八同胄志第三冊》，台中：臺灣省文獻會，民 73.6 出版。

21. 台灣原住民族權利促進會文宣組編輯，《原住民──被壓迫者的吶喊》，台北：台灣原住民族權利促進會，1987 年 12 月初版。

22. 沐濤、張忠祥著，《非洲的智慧》，台北：新潮社文化事業有限公司，2004 年 2 月初版。

23. 96 年《公衛教育在社大》秋季班種籽師資暨防疫志工終身教育研習營手冊。

24. 保羅・霍肯（Paul Hawken）、艾默立・羅文斯（Amory Lovins）著，吳信如譯《綠色資本主義──創造經濟雙贏的策略》，台北：天下雜誌股份有限公司，2006 年 1 月第一版第七次印行。

25. 瓦特・貝恩內克（Walther L. Bernecker）著，朱章才譯，《第三世界的覺醒與貧困：1995 年 11 月 10 日，哈科特港》，台北：麥田出版，2005 年 5 月初版一刷。

26. 修馬克（E.F.Schumacher）著、李華夏譯，《小即是美──M 型社會的出路》，台北：立緒文化事業有限公司，民 96.3 月初版三刷。

27. 蕭新煌等編者，《自力救濟：1986 年台灣社會批判》，高雄：敦理出版社，民 76.3 初版。

28. 李喬著，《台灣人的醜陋面》，台北：前衛出版社，1988 年 6 月出版。

29. 《山外山月刊》創刊號，1985.7.15。

30. 布興‧大立（高萬金）著，《原住民的台灣認同》，嘉義：信福出版社，1999 年 3 月初版。

31. 詹姆士‧安那亞（S.James Anaya）著，民主進步黨中央黨部國際事務部翻譯，《Indigenous People in International Law 國際法中之原住民族－第二、四、五章》。

32. 〈原住民和部落民族的公約〉，《原住民聯合國工作資源手冊》，台北：行政院原住民族委員會，民 88 年出版。

33. 中國人權協會編，《原住民人權訪查研究》，台北：行政院原住民族委員會，民 88 年 6 月出版。

34. 林益仁著，《部落地圖的社會意涵》收錄於行政院原住民族委員會、台中縣和平鄉公所舉辦「九十五年原住民族傳統領域土地調查研究」調查手冊。

35. 林益仁著，《飲鴆的獵人－環境議題中的科學與宗教》，台北：元尊文化企業股份有限公司，1998 年 12 月初版一刷。

36. 琦娃‧詹姆斯（Cheewa James）著，林淑貞譯，《印地安之歌》（Catch the Whisper of the Wind），台北：張老師文化事業股份有限公司，1999 年 5 月初版一刷。

37. 孫大川著，《久久酒一次》，台北：張老師文化事業股份有限公司，民 84 年 8 月初版七刷。

38. 台灣基督長老教會總會教會與社會委員會及生態關懷者協會編著，《1999 年疼惜生命樹環境紀念主日參考手冊》，台南：人光出版社，1999 年 5 月初版。

39. 生態關懷協會編輯，《基督教婦女心靈環保再起步》，台南：教會合作協會，2002 年出版。

40. 陳佩周著，《變臉中的「印地安」人——美國原住民文化探索》，台北：麥田出版股份有限公司，1999 年 1 月初版一刷。

41. 〈原報〉第 26 期，1995.元月出版。

42. 巴蘇亞‧博伊哲努（浦忠成）著，《台灣原住民的口傳文學》，台北：常民文化事業有限公司，1996 年 5 月第一版第一刷。

43. 行政院原住民族委員會編印，《台灣原住民人權指標與外國比較研究》，台北：行政院原住民族委員，民 91 年 3 月出版。

44. 台灣基督長老教會泰雅爾中會宜蘭區會編印，《原住民土地權利研討會手冊》，宜蘭：台灣基督長老教會泰雅爾中會宜蘭區會，2000 年 12 月。

45. 利氏文化公司，《人籟論辯月刊》，2005.11 出版。

46. 內政部編纂，《臺灣山胞各族傳統神話故事與傳說文獻編纂研究》，台北：內政部發行出版，民 83.3。

47. 臺中廳蕃務課，《臺中廳理蕃史》，台北：株式會社臺灣日日新報社，大正三年七月印刷。

48. 調查委員黃煌雄及黃勤鎮，《原住民地方文化產業總體檢》，台北：遠流出版事業股份有限公司，2004.8 初版一刷。

49. 莫爾特曼（Jürgen Moltmann）著，隗仁蓮譯，《創造中的上帝－生態的創造論》，香港：漢語基督教文化研究所，1999 出版。

50. 莫特曼（Jürgen Moltmann）著，曾念粵譯，《俗世中的上帝》，台北：雅歌出版社，1999.12 初版。

51. 潘能伯格（Wolfhart Pannenberg）著、李秋零、田薇譯，《人是甚麼——從神學看當代人類學》，香港：香港道風山基督教叢林，1994 出版。

52. 陳文輝著述，《哭過的月色很美》，台北：躍昇文化事業有限公司，民 84 年 11 月初版。

社會科學類　PF0063

部落・文化・產業發展：
達觀村文化資源與觀光產業調查研究

作　　者 / 萊撒・阿給佑
責任編輯 / 蔡曉雯
圖文排版 / 陳宛鈴
封面設計 / 王嵩賀

發 行 人 / 宋政坤
法律顧問 / 毛國樑　律師
出版發行 / 秀威資訊科技股份有限公司
　　　　　114 台北市內湖區瑞光路 76 巷 65 號 1 樓
　　　　　電話：+886-2-2796-3638　傳真：+886-2-2796-1377
　　　　　http://www.showwe.com.tw
劃撥帳號 / 19563868　戶名：秀威資訊科技股份有限公司
　　　　　讀者服務信箱：service@showwe.com.tw
展售門市 / 國家書店（松江門市）
　　　　　104 台北市中山區松江路 209 號 1 樓
　　　　　電話：+886-2-2518-0207　傳真：+886-2-2518-0778
網路訂購 / 秀威網路書店：http://www.bodbooks.com.tw
　　　　　國家網路書店：http://www.govbooks.com.tw

2011 年 5 月 BOD 一版
定價：200 元

國家圖書館出版品預行編目

部落・文化・產業發展：達觀村文化資源與觀光產業調
查研究 / 萊撒・阿給佑著. -- 一版. -- 臺北市：
秀威資訊科技, 2011.05
　　面；　　公分. -- (社會科學類 ; PF0063)
BOD 版
ISBN 978-986-221-728-3(平裝)

1.文化　2.部落　3.旅遊　4.臺中市和平區達觀里

733.9/117.9/123.4　　　　　　　　　　100004131

讀者回函卡

感謝您購買本書，為提升服務品質，請填妥以下資料，將讀者回函卡直接寄回或傳真本公司，收到您的寶貴意見後，我們會收藏記錄及檢討，謝謝！如您需要了解本公司最新出版書目、購書優惠或企劃活動，歡迎您上網查詢或下載相關資料：http:// www.showwe.com.tw

您購買的書名：＿＿＿＿＿＿＿＿＿＿＿＿＿＿＿＿＿＿＿＿＿＿

出生日期：＿＿＿＿＿年＿＿＿＿＿月＿＿＿＿＿日

學歷：□高中 (含) 以下　　□大專　　□研究所 (含) 以上

職業：□製造業　□金融業　□資訊業　□軍警　□傳播業　□自由業
　　　□服務業　□公務員　□教職　　□學生　□家管　　□其它＿＿＿

購書地點：□網路書店　□實體書店　□書展　□郵購　□贈閱　□其他

您從何得知本書的消息？

　□網路書店　□實體書店　□網路搜尋　□電子報　□書訊　□雜誌

　□傳播媒體　□親友推薦　□網站推薦　□部落格　□其他＿＿＿＿＿

您對本書的評價：(請填代號 1.非常滿意 2.滿意 3.尚可 4.再改進)

　封面設計＿＿＿　版面編排＿＿＿　內容＿＿＿　文／譯筆＿＿＿　價格＿＿＿

讀完書後您覺得：

　□很有收穫　□有收穫　□收穫不多　□沒收穫

對我們的建議：＿＿＿＿＿＿＿＿＿＿＿＿＿＿＿＿＿＿＿＿＿＿＿

＿＿＿＿＿＿＿＿＿＿＿＿＿＿＿＿＿＿＿＿＿＿＿＿＿＿＿＿＿＿＿

＿＿＿＿＿＿＿＿＿＿＿＿＿＿＿＿＿＿＿＿＿＿＿＿＿＿＿＿＿＿＿

＿＿＿＿＿＿＿＿＿＿＿＿＿＿＿＿＿＿＿＿＿＿＿＿＿＿＿＿＿＿＿

11466

台北市內湖區瑞光路 76 巷 65 號 1 樓

秀威資訊科技股份有限公司　　　收

BOD 數位出版事業部

．．

（請沿線對折寄回，謝謝！）

姓　　名：＿＿＿＿＿＿＿＿＿　年齡：＿＿＿＿　性別：□女　□男

郵遞區號：□□□□□

地　　址：＿＿＿＿＿＿＿＿＿＿＿＿＿＿＿＿＿＿＿＿＿＿＿

聯絡電話：(日) ＿＿＿＿＿＿＿＿＿＿＿　(夜) ＿＿＿＿＿＿＿＿＿＿＿

E - m a i l：＿＿＿＿＿＿＿＿＿＿＿＿＿＿＿＿＿＿＿＿＿＿